好玩儿的思维游戏

谜题BOX

拾柒 编著

PUZZLE

- 寓教于乐的思维游戏
- 行之有效的思维训练
- 开发大脑无限潜能
- 在游戏中收获快乐和成长

科学出版社

北京

内 容 简 介

　　本书精选12种益智谜题，涵盖画线、涂黑、计算、放置等多种类型，题型丰富。每种题型都给出详细的规则解析、技巧介绍和例题详解，帮助读者快速掌握题型规则和解题技巧。读者通过判断、计算、逻辑推理等多种方法逐步解开谜题，感受解题乐趣的同时，提升思维能力，全面锻炼大脑。
　　本书集益智性和趣味性于一体，题目经过严格验证，难度适中，适合广大谜题爱好者阅读体验。

图书在版编目（CIP）数据

谜题BOX/拾柒编著.—北京：科学出版社，2022.3
（好玩儿的思维游戏）
ISBN　978-7-03-071498-5

Ⅰ.①谜…　Ⅱ.①拾…　Ⅲ.①智力游戏–儿童读物　Ⅳ.①G898.2

中国版本图书馆CIP数据核字（2022）第026837号

责任编辑：孙力维　杨　凯 / 责任制作：魏　谨
责任印制：师艳茹 / 封面设计：张　凌

北京东方科龙图文有限公司 制作

http://www.okbook.com.cn

科 学 出 版 社 出版
北京东黄城根北街16号
邮政编码：100717
http://www.sciencep.com

天津市新科印刷有限公司　印刷

科学出版社发行　　各地新华书店经销

*

2022年3月第 一 版　　开本：880×1230　1/32
2022年3月第一次印刷　　印张：8 1/2
字数：160 000

定价：45.00元
（如有印装质量问题，我社负责调换）

欢迎走进谜题世界！

本书精选 12 种益智谜题，不是谜语或文字性推理题，而是特指以填数字、连线、放置和涂格子等形式表现的逻辑推理类益智谜题。谜题游戏至今已有百余种成熟的题型，本书所选题型包括数桥、数壹、帐篷、四风、TAPA、美术馆、数和、数回、数墙、珍珠、数方和数蛇。题型丰富多样，题面变化万千。

谜题游戏规则简单易懂，大人孩子都容易理解，非常适合作为亲子游戏与家人共享。通过玩谜题，不仅可以锻炼观察力和专注力，还能提升逻辑推理能力和判断能力，其中，填数字的计算类谜题对提高孩子的数字计算能力有非常好的效果。

本书针对每种谜题都给出了规则解析、技巧介绍和例题详解，帮助读者快速掌握题型规则和解题技巧。每种谜题还配有 30 道练习题，读者通过判断、计算、逻辑推理等多种方法逐步解开谜题，感受解题乐趣的同时，提升思维能力，全面锻炼大脑。

本书集益智性和趣味性于一体，欢迎大家由此走进谜题的神奇世界！

目　录

扫一扫看答案

扫一扫看答案

扫一扫看答案

扫一扫看答案

扫一扫看答案

扫一扫看答案

扫一扫看答案

扫一扫看答案

扫一扫看答案

扫一扫看答案

扫一扫看答案

扫一扫看答案

数桥规则、技巧、例题详解

◀ ◀ ◀ 规　则 ▶ ▶ ▶

　　数桥是一种画线类谜题，题面给出一些数字作为小岛，按下列规则通过线段作为桥梁把这些小岛连接起来。

❶ 在格上画线，将题面中表示小岛的圆圈连成一个整体。

❷ 圆圈内数字表示从小岛画出线段的总数。

❸ 每个小岛只能向上、下、左、右四个方向画线，但不能穿过岛画线。

❹ 小岛的一个方向最多可画出两条线段。

❺ 画出的线段不能相交。

◀ ◀ ◀ 题　面 ▶ ▶ ▶　　　　◀ ◀ ◀ 答　案 ▶ ▶ ▶

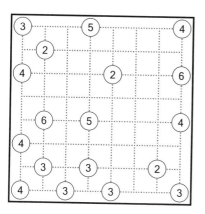
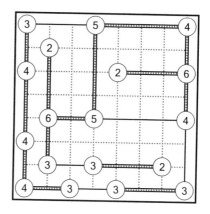

◀◀◀ 技 巧 ▶▶▶

1 由于一个小岛只能向上、下、左、右四个方向画线，并且一个方向最多可画出两条线段，所以题面中最大数字只能是 8。

2 遇到数字 8，不要犹豫，直接在其上、下、左、右四个方向各画两条线段。

3 遇到数字 7，其上、下、左、右四个方向必有一个方向只能画一条线段，其余三个方向各画两条线段，因此，可以先在其四个方向各画一条线段。

4 对于只能向三个方向画线段的情况，如果是数字 6，那么可以直接在三个方向各画两条线段；如果是数字 5，则可以先在三个方向各画一条线段。

5 对于只能向两个方向画线段的情况，如果是数字 4，那么可以直接在两个方向各画两条线段；如果是数字 3，则可以先在两个方向各画一条线段。

6 对于只能向一个方向画线段的情况，只可能发生在数字 2 和数字 1 两个岛上。

7 数字 1 和数字 1 不能连接，否则会出现孤立的岛。

下面以练习题 020 为例，详细介绍数桥的解题过程。

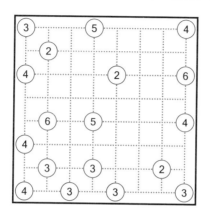

❶ 首先观察题面四个角的小岛 3 和小岛 4，因为它们都只能向两个方向画线，因此，小岛 4 可以直接在两个方向各画两条线段，小岛 3 可以先在两个方向各画一条线段，如图 1 所示。

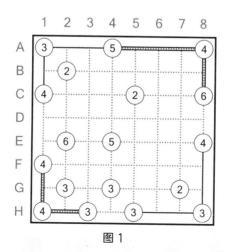

图 1

❷ 观察图 1，C8 格的小岛 6 只能向三个方向画线，因此每个方向画两条线段。H3 格的小岛 3，它的上方没有小岛，故只能向左右画线，左侧已有两条线段，因此 H3 格的小岛 3 只能和它右侧 H5 格的小岛 3 之间画一条线段，如图 2 所示。

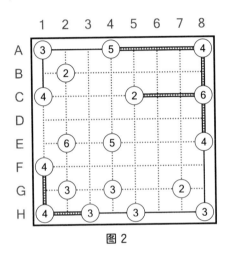

图 2

❸ 观察图 2，B2 格的小岛 2 只有下方有小岛 6 可与之相连，因此直接向下画两条线段；同理，G7 格的小岛 2 只能向左画两条线段，与 G4 格的小岛 3 相连；F1 格的小岛 4 右侧没有小岛，下方已经有两条线段，因此应向上画两条线段，与 C1 格的小岛 4 相连；此时 C1 格的小岛 4 已经连了 3 条线段，它不能向右侧画线，否则会与其他线段交叉，因此 C1 格的小岛 4 应向上画一条线段，与 A1 格的小岛 3 相连，如图 3 所示。

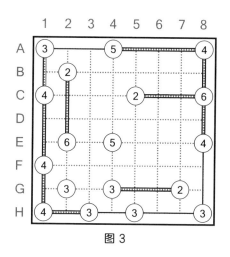

图 3

❹ 观察图 3，E2 格的小岛 6 已经画了两条线段，因此应向右侧和下方各画两条线段，分别与 E4 格的小岛 5 和 G2 格的小岛 3 相连；再看 G2 格的小岛 3，它剩余的一条线段只能与右侧 G4 格的小岛 3 相连；最后观察 E4 格的小岛 5，它还剩余三条线段，应向上方画两条线段与 A4 格的小岛 5 相连，向右侧画一条线段与 E8 格的小岛 4 相连，至此，完成全部画线，题目答案如图 4 所示。

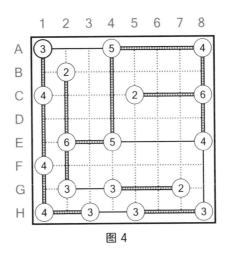

图 4

数桥练习题

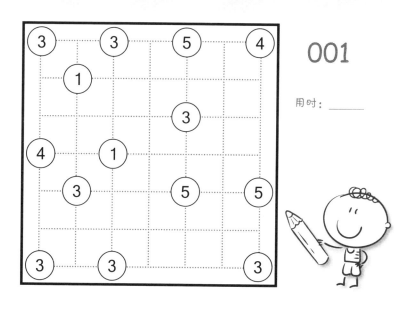

用时：_____

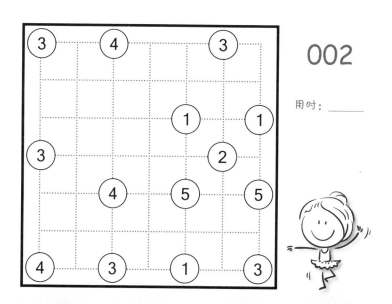

用时：_____

003

用时：_____

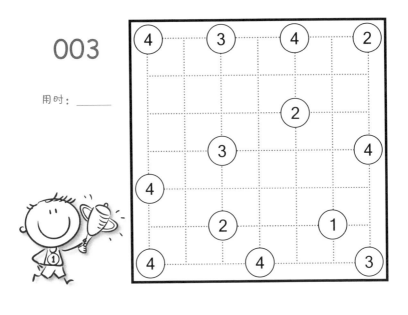

004

用时：_____

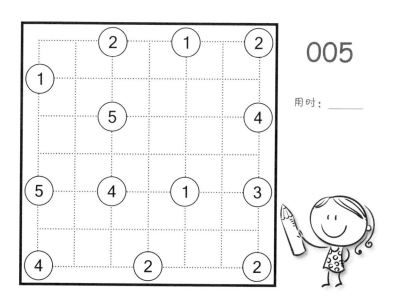

005

用时：＿＿＿＿＿＿

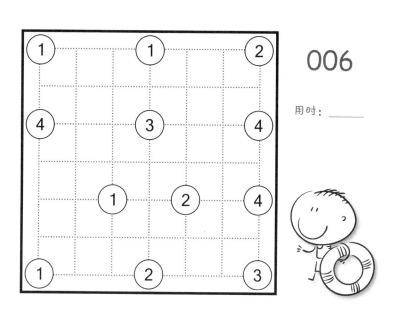

006

用时：＿＿＿＿＿＿

数桥练习题

007

用时：＿＿＿＿

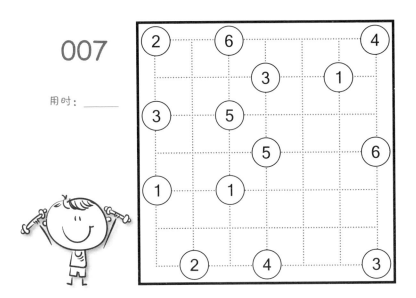

008

用时：＿＿＿＿

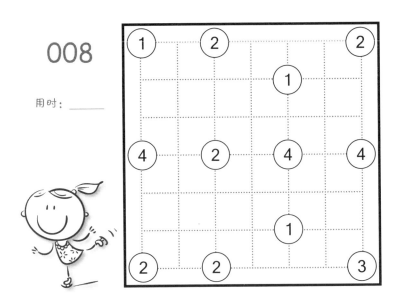

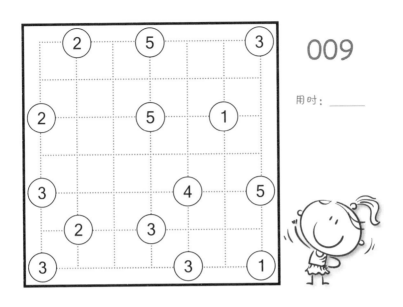

009

用时：_____

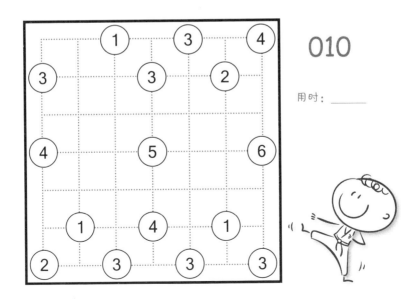

010

用时：_____

011

用时：_____

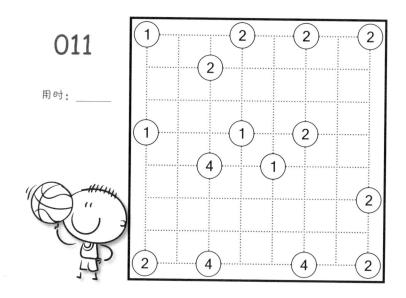

012

用时：_____

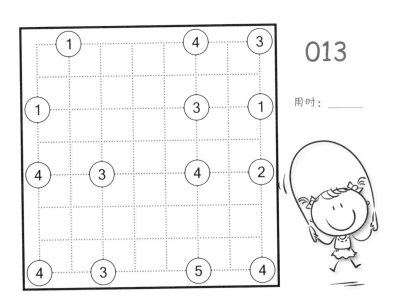

013

用时：＿＿＿＿＿

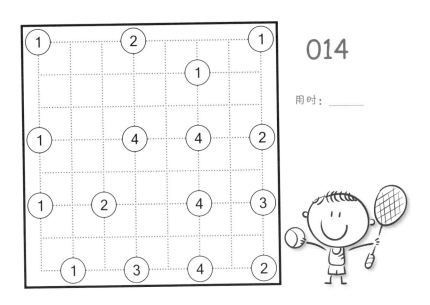

014

用时：＿＿＿＿＿

数桥练习题

015

用时：_____

016

用时：_____

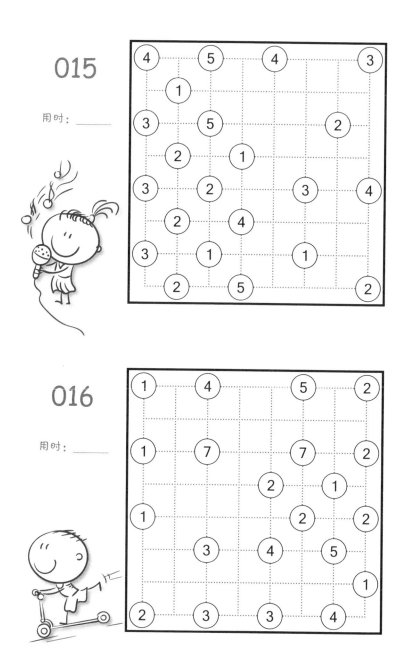

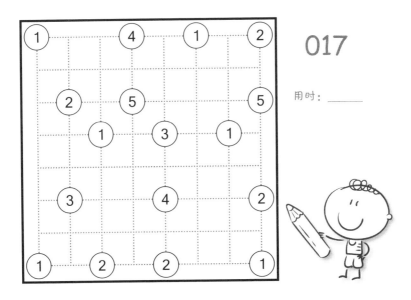

017

用时：＿＿＿＿＿

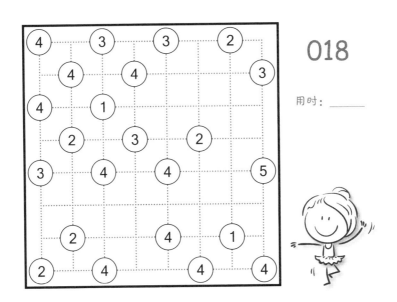

018

用时：＿＿＿＿＿

数桥练习题

019

用时：_____

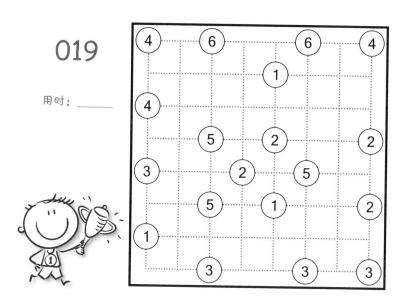

020

用时：_____

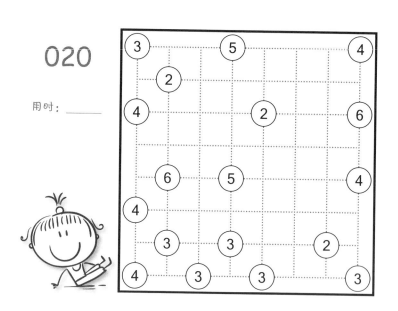

016

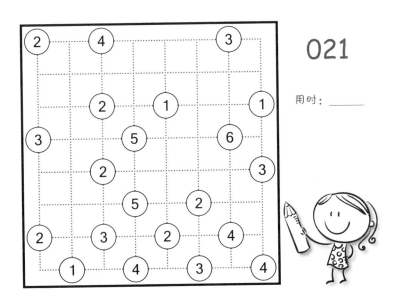

021

用时：_____

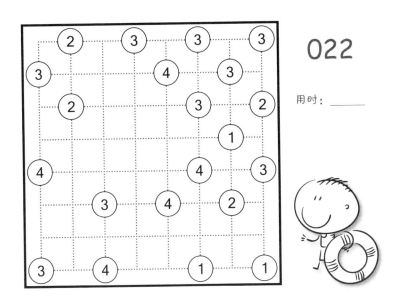

022

用时：_____

023

用时：_____

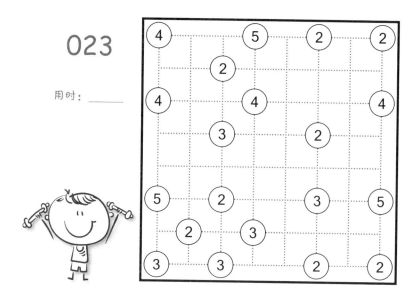

024

用时：_____

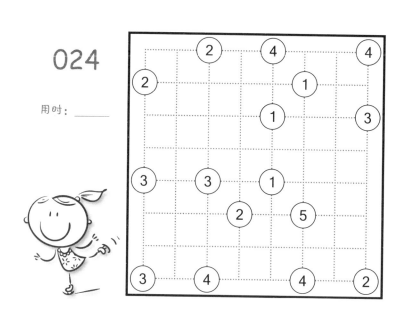

025

用时：_____

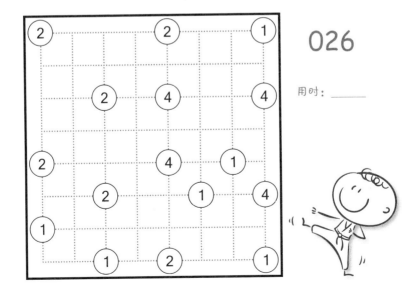

026

用时：_____

027

用时：_____

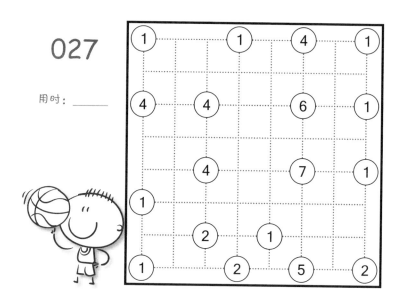

028

用时：_____

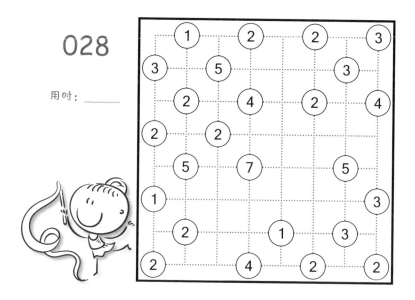

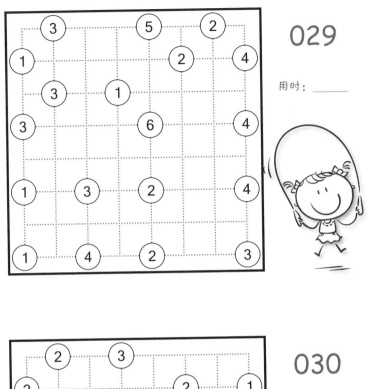

029

用时：_____

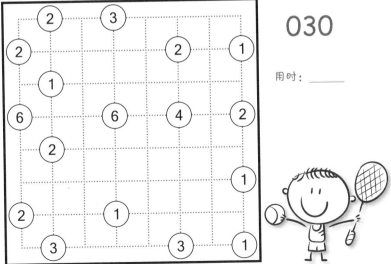

030

用时：_____

数壹规则、技巧、例题详解

◀◀◀ 规 则 ▶▶▶

数壹是一种涂黑类谜题，要求涂黑一些数字，使得行列中不能出现重复的数字，具体规则如下：

❶ 将一些格子涂黑，使得剩余的白格里每行、每列中没有重复的数字。

❷ 涂黑的格子不能相邻。

❸ 未涂黑的格子必须连成一个整体。

◀◀◀ 题 面 ▶▶▶

1	5	2	3	3
5	5	1	2	4
4	4	5	2	2
4	2	1	5	4
1	1	4	3	5

◀◀◀ 答 案 ▶▶▶

1	5	2	3	3
5	5	1	2	4
4	4	5	2	2
4	2	1	5	4
1	1	4	3	5

◀◀ 技 巧 ▶▶

❶ 三数法：行或列中有三个相同的数字，如果三个相同的数字相连，则中间的格子保留，两边的格子涂黑（见图 1）；如果两个相同的数字相连，另一个相同的数字孤立，则孤立的格子必涂黑（见图 2）。

	1	2	3	4	5
A	1	5	4	5	3
B	3	3	2	4	2
C	3	2	5	1	4
D	2	4	**5**	⑤	**5**
E	4	3	2	3	5

图 1

	1	2	3	4	5	6
A	3	⑤	⑤	3	6	**5**
B	5	6	1	4	3	2
C	2	3	**6**	2	⑥	⑥
D	4	5	2	4	1	3
E	2	1	6	3	6	5
F	6	3	3	2	2	1

图 2

❷ 相同数字中间的格子（三明治）：行或列中相同数字中间的格子不能涂黑，如图 3 所示，A 行两个数字 3 中间的格子不能涂黑；B 行两个数字 3 中间的格子也不能涂黑，可以画个圆圈进行标注。

	1	2	3	4	5
A	5	3	(2)	3	5
B	4	2	3	(5)	3
C	3	1	4	3	5
D	3	4	5	1	1
E	1	5	3	1	4

图 3

❸ 排除法：与数独的规则相同，同一行或者同一列不能出现相同的数字，如果确定一个数字的格子保留，那么同一行或者同一列的相同数字必涂黑。如图 4 所示，相同数字中间的格子不能涂黑，所以确定 E3 格的数字 2 保留，那么第 3 列 B3 格的数字 2 必涂黑。

	1	2	3	4	5
A	1	5	4	5	3
B	3	3	**2**	4	2
C	3	2	5	1	4
D	2	4	5	5	5
E	4	3	(2)	3	5

图 4

❹ 必保留：由于规则要求涂黑的两个格子不能相邻，当确定了某个格子涂黑之后，这个格子上、下、左、右四个格子就必须保留。如图 5 所示，利用三数法涂黑 A2 格和 C2 格的数字 3 后，两个格子四周的格子必须保留，画圈标注。

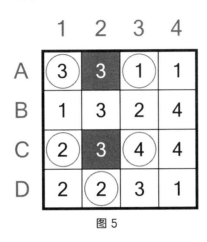

图 5

❺ "3+1"：如果分布在角落的四个数字中，有三个数字相同且位于夹角处，那么夹角处的数字必涂黑，如图 6 所示。

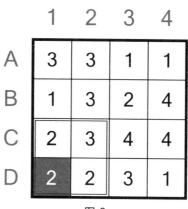

图 6

6 "2+2"：   如果分布在角落的四个数字中，有两个数字两两相同且相同数字位于同一行或同一列，那么夹角处的数字和其对角数字必涂黑，如图 7 所示。

图 7

❼ 角上双数：如图 8 所示，左上角有两个数字 3 连在一起，我们把这样的角上两个相同数字叫做"角上双数"，这两个数字 3 必须涂黑一格保留一个，虽然暂时无法确定，但是可以确定 B1 格的数字 4 必须保留。

① 假如涂黑 A1 格的数字 3，那么 B1 格的数字 4 与它相邻，不能涂黑，应该保留。

② 假如涂黑 A2 格的数字 3，保留 A1 格的数字 3，则 B1 格的数字 4 不能涂黑，否则会将 A1 格的数字 3 与其他保留数字割裂开，不符合规则。

	1	2	3	4	5
A	3	3	4	2	3
B	4	2	1	5	1
C	1	4	5	3	5
D	3	4	3	1	5
E	4	1	2	4	5

→

	1	2	3	4	5
A	3	3	4	2	3
B	④	2	1	5	1
C	1	4	5	3	5
D	3	4	3	1	5
E	4	1	2	4	5

图 8

下面以练习题 050 为例，详细介绍数壹的解题过程。

1	5	2	3	3
5	5	1	2	4
4	4	5	2	2
4	2	1	5	4
1	1	4	3	5

❶ 观察题面，根据技巧，两个相同数字中间的格子必须保留，因此，C3 格的数字 5 和 C5 格的数字 2 必须保留；根据规则，同一行和同一列不能有重复的数字，因此，C4 格的数字 2 涂黑；因为涂黑的格子不能连续，因此，B4 格的数字 2 和 D4 格的数字 5 保留，如图 9 所示。

	1	2	3	4	5
A	1	5	2	3	3
B	5	5	1	②	4
C	4	4	⑤	2	②
D	4	2	1	⑤	4
E	1	1	4	3	5

图 9

❷ 观察图9，根据"角上双数"的技巧，A4格和A5格都是数字3，因此，B5格的数字4应该保留，则D5格的数字4应该涂黑，E5格的数字5保留；同理，E1格和E2格都是数字1，因此，D1格的数字4应该保留，C1格的数字4应该涂黑；涂黑的格子不能相邻，因此，B1格的数字5和C2格的数字4应该保留，B2格的数字5涂黑，如图10所示。

```
      1   2   3   4   5
   ┌───┬───┬───┬───┬───┐
 A │ 1 │ 5 │ 2 │ 3 │ 3 │
   ├───┼───┼───┼───┼───┤
 B │⑤│ 5 │ 1 │ ② │ ④ │
   ├───┼───┼───┼───┼───┤
 C │ 4 │ ④ │ 5 │ 2 │ ② │
   ├───┼───┼───┼───┼───┤
 D │ ④ │ 2 │ 1 │ ⑤ │ 4 │
   ├───┼───┼───┼───┼───┤
 E │ 1 │ 1 │ 4 │ 3 │ ⑤ │
   └───┴───┴───┴───┴───┘
```

图10

❸ 观察图10，根据规则，涂黑的格子不能相连，保留的格子必须连成一个整体，因此，E4格的数字3保留；A1格的数字1保留；E1格的数字1涂黑，E2格的数字1保留，如图11所示。

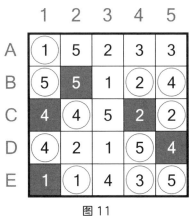

图 11

❹ 观察图 11，根据规则，A2 格的数字 5 保留，B3 格
  的数字 1 保留，则 D3 格的数字 1 涂黑，E3 格的数字
  4 保留；因 D3 格的数字 1 涂黑，则 D2 格的数字 2
  保留，C3 格的数字 5 保留；因 E4 格的数字 3 保留，
  则 A4 格的数字 3 涂黑，A3 格的数字 2 和 A5 格的数
  字 3 保留，题面答案如图 12 所示。

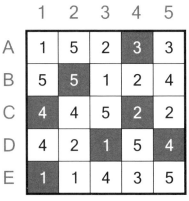

图 12

数壹练习题

1	1	4	1
4	3	3	1
3	4	1	1
1	4	2	4

031

用时：_____

2	3	3	4
1	4	2	1
2	3	1	2
3	2	3	1

032

用时：_____

033

用时：_____

4	1	2	3
1	4	4	1
3	2	1	1
1	4	4	2

034

用时：_____

4	2	4	3
3	2	2	2
4	3	1	2
4	4	2	1

2	3	1	3
4	4	4	1
4	1	3	2
3	2	1	3

035

用时：_____

3	4	4	1
2	1	3	2
1	2	1	3
2	1	1	4

036

用时：_____

037

用时：_____

3	4	1	2
4	3	4	4
2	1	4	1
2	2	3	1

038

用时：_____

4	4	2	4
4	2	2	3
2	2	3	4
1	3	4	3

2	2	1	2
1	4	2	2
1	1	2	4
2	3	4	4

039

用时：_____

1	3	2	4
3	4	1	1
3	1	4	4
1	2	1	3

040

用时：_____

041

用时：_____

1	5	2	4	4
4	1	5	3	4
4	2	1	4	3
3	2	2	1	5
4	3	4	4	1

042

用时：_____

1	1	3	4	5
4	3	5	5	1
3	4	1	5	3
5	1	3	4	4
1	5	4	3	5

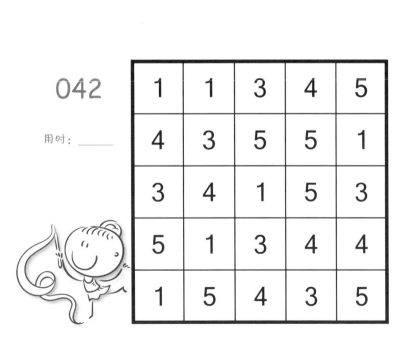

4	2	1	4	5
1	5	5	2	4
4	2	2	5	1
1	1	5	2	4
5	4	3	1	4

043

用时：＿＿＿＿

1	1	5	2	4
2	5	1	2	3
4	4	5	3	1
3	4	2	5	5
5	3	2	5	2

044

用时：＿＿＿＿

045

用时：_____

5	2	4	5	5
2	4	5	5	1
1	3	5	1	5
3	5	5	2	4
5	3	2	4	4

046

用时：_____

3	4	2	5	2
5	5	2	5	3
5	1	3	2	4
1	1	4	1	5
5	3	5	4	3

1	4	2	1	2
1	5	4	4	2
3	1	3	2	4
2	5	1	4	1
4	2	3	5	1

047

用时：_____

3	1	3	3	3
3	5	2	4	1
3	3	3	2	5
2	4	5	1	3
5	2	5	5	5

048

用时：_____

049

用时：＿＿＿＿＿

2	4	4	5	1
2	3	5	1	3
5	1	1	5	3
5	5	4	3	2
4	1	3	4	5

050

用时：＿＿＿＿＿

1	5	2	3	3
5	5	1	2	4
4	4	5	2	2
4	2	1	5	4
1	1	4	3	5

6	3	5	6	1	3
4	1	3	5	2	1
6	4	6	4	5	4
2	1	3	6	3	5
5	4	1	4	1	3
2	5	2	5	4	6

051

用时：_____

6	3	5	3	4	6
2	6	1	2	3	4
1	3	2	4	1	3
2	1	5	3	5	6
4	6	3	6	1	4
3	4	6	2	2	1

052

用时：_____

053

用时：_____

6	5	6	4	3	6
4	3	3	2	2	5
6	4	6	3	5	1
3	5	5	2	1	5
2	3	6	5	4	6
6	2	4	1	6	1

054

用时：_____

6	2	2	6	4	3
1	5	6	4	3	1
6	4	1	6	2	6
4	3	2	2	3	1
6	2	4	6	1	6
2	6	2	1	5	4

6	1	3	4	5	4
5	4	1	6	4	6
6	6	2	3	3	1
3	5	1	4	1	4
5	4	5	3	5	6
2	3	2	1	6	5

055

用时：_____

2	6	5	2	6	5
3	5	4	6	1	2
6	4	6	1	2	4
4	6	5	2	6	5
6	1	2	6	5	4
1	5	3	5	4	5

056

用时：_____

057

用时：_____

6	5	4	6	4	2
2	3	1	5	6	5
6	6	2	1	4	2
3	5	5	6	1	6
6	1	3	5	3	4
3	2	5	3	5	2

058

用时：_____

1	5	5	4	6	2
5	4	2	6	2	3
1	6	5	1	5	1
3	1	4	6	2	6
1	5	2	2	3	1
6	2	1	3	5	5

4	2	5	2	6	1
5	4	6	6	3	4
6	5	2	3	6	6
2	4	6	4	5	3
6	2	5	5	6	4
2	6	4	1	2	1

059

用时：_____

2	3	1	6	2	4
1	5	4	1	1	2
3	1	3	5	6	6
2	4	6	1	2	3
1	2	3	6	6	2
2	6	1	2	3	1

060

用时：_____

帐篷规则、技巧、例题详解

◀◀ 规 则 ▶▶

　　帐篷,全名为帐篷与树,简称帐篷,是一种放置类谜题,
要求将帐篷(⛺)根据题面外围提示数与树(●)一一对
应放置好。

❶ 在每棵树的相邻格内放置一个帐篷,使它们之间形成
　 一一对应的关系,即每棵树都有专属的帐篷与之相邻。

❷ 每个空格最多只能放一个帐篷,题面外提示数字表示
　 该行(或列)中帐篷的个数。没有提示数表示该行(或
　 列)帐篷的数量没有限制。

❸ 帐篷不能接触,即每个帐篷的周围八格不能有其他帐篷。

◀◀ 题 面 ▶▶　　　　◀◀ 答 案 ▶▶

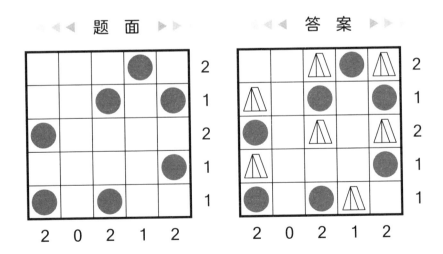

技 巧

❶ 外提示数字 0：表示该行（或列）没有帐篷，一般标
记 "×" 表示不可以放置帐篷（见图 1），也可以根
据自己的喜好选择其他方式标注。

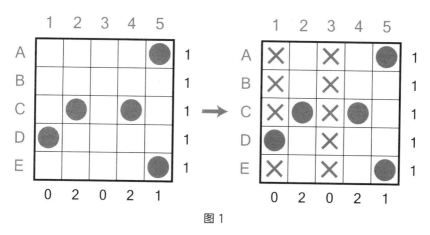

图1

❷ 较大外提示数字：由于帐篷不能接触，当外提示数字
较大时，帐篷放置的位置相对较容易确定，甚至可以
直接确定下来。如图 2 所示，C 行的外提示数字为 3，
表示这一行要放置 3 个帐篷。这 3 个帐篷不能全放在
右边 3 个相邻空格中，C1 格必须放置一个帐篷，另外
两个帐篷也要分隔开放置。

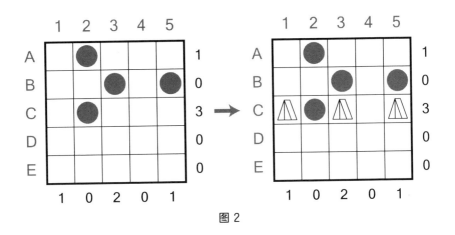

图 2

❸ 树对帐篷的连接只有 1 个方向：如图 3 所示，对于 D1 格的树而言，原本有三个方向可以放帐篷，但第 1 列的外提示数为 0，表示这一列的空格都不能为帐篷，所以只有 D1 格的右侧可以放帐篷，我们用画方框的方式表示它们之间的对应关系。

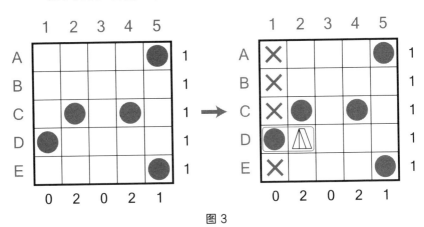

图 3

❹ 数对帐篷的连接只有 2 个方向：如图 4 所示，A5 格的树对帐篷的连接只有 2 个方向（A4 格或 B5 格），因为两个帐篷之间不能接触，不管哪格放帐篷，都可以确定 B4 格不能放帐篷，可以用"×"来标注。

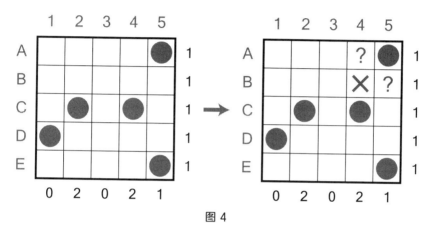

图 4

再观察图 5，C 行的外提示数是 1，这一行的帐篷可能放在 C4 格的左边或者右边（用"？"标注），因为帐篷之间不能接触，无论帐篷放在哪格，标注"×"的两个格子都不能再放帐篷了。

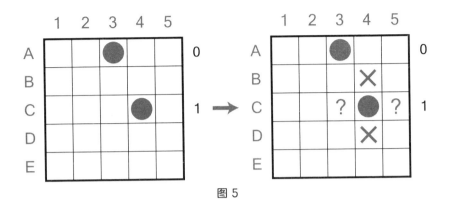

图 5

⑤ 树对帐篷的连接只有 3 个方向：如图 6 所示，D1 格
的树可以连接的帐篷有 3 个方向（用 "?" 标注），
如果在 D2 格放帐篷，则不能被别的树连接，否则 D1
格这棵树对应的帐篷就无处可放了。当某棵树不能向
相邻格连帐篷时，我们可以用 "×" 来标注。

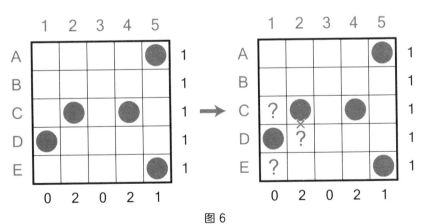

图 6

❻ 区块排除：如图 7 所示，C 行画灰色框线的两格（C2 格和 C3 格）至少有一格为帐篷时，可以把这两格看作一个区块，不管哪一格放帐篷，都可以确定 B 行和 D 行画"×"的四格不能放帐篷。

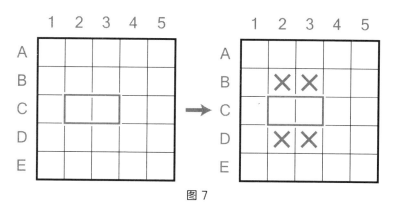

图 7

❼ 2×2 区域的应用：任意 2×2 区域的四个格子中最多只能有 1 个帐篷，否则将违反帐篷之间不能接触的规则。

如图 8 所示，第 4 列和第 5 列的提示数之和为 2+1=3，说明这两列一共有 3 个帐篷。如果从下往上划分 2×2 的区域，D4、D5、E4、E5 为第一个区域，有 1 个帐篷，B4、B5、C4、C5 为第二个区域，有 1 个帐篷，由此可知第 3 个帐篷在 A4 格；如果从上往下划分 2×2 的区域，同理可以得到 E4 格放帐篷；还可以先在上下划分 2×2 的区域，同理得到 C5 格放帐篷。

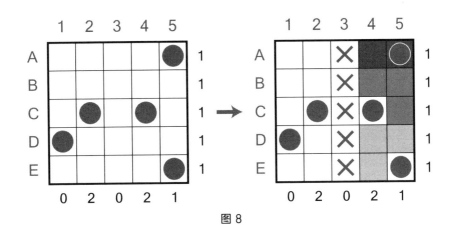

图 8

◀◀◀ **例题详解** ▶▶▶

下面以练习题 070 为例，详细介绍帐篷的解题过程。

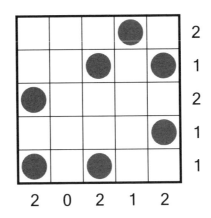

❶ 观察题面，第 2 列的外提示数为 0，第 2 列的 5 格都
   画"×"标注；A1 格不与任何树相邻，不能放帐篷，
   也画"×"标注；A 行的外提示数为 2，因此，A3 格
   和 A5 格放帐篷，如图 9 所示。

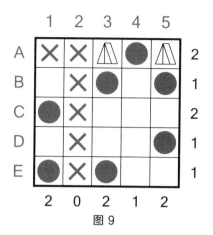

图 9

2 观察图 9，根据帐篷不能接触的规则，B4 格不能放帐篷，B 行外提示数为 1，因此，B1 格放帐篷；第 1 列外提示数为 2，因此，D1 格放帐篷，如图 10 所示。

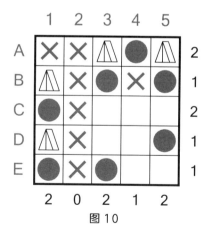

图 10

❸ 观察图 10，D 行外提示数为 1，因此，D3 格和 D4 格
不能放帐篷；第 3 列外提示数为 2，因此，C3 格放帐
篷，C4 格不能放帐篷；第 4 列外提示数为 1，因此，
E4 格放帐篷，E5 格不能放帐篷；第 5 列外提示数 2
为 2，C5 格放帐篷，最终得到本题答案如图 11 所示。

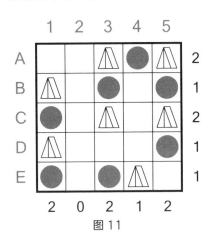

图 11

帐篷练习题

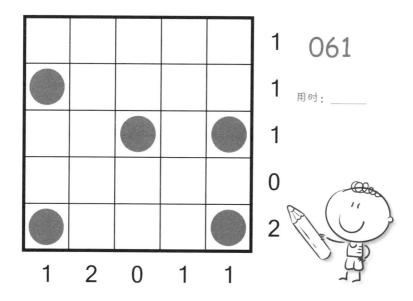

061

用时：_____

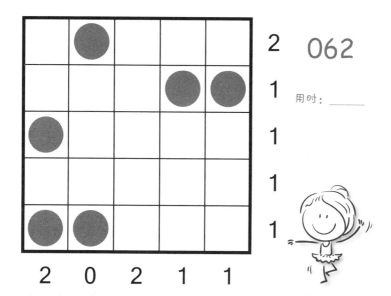

062

用时：_____

帐篷练习题

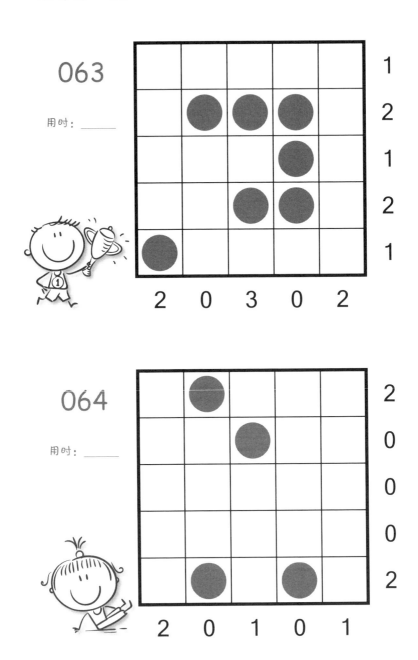

063

用时：_____

					1
	●	●	●		2
			●		1
		●	●		2
●					1
2	0	3	0	2	

064

用时：_____

	●				2
		●			0
					0
					0
	●		●		2
2	0	1	0	1	

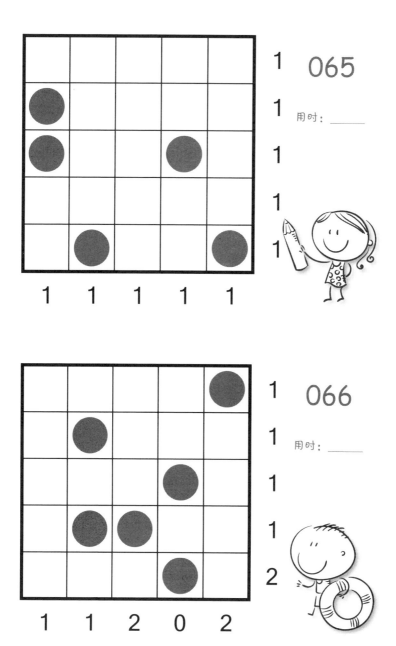

1
1
1
1
1

1 1 1 1 1

065

用时：＿＿＿＿＿

1
1
1
1
2

1 1 2 0 2

066

用时：＿＿＿＿＿

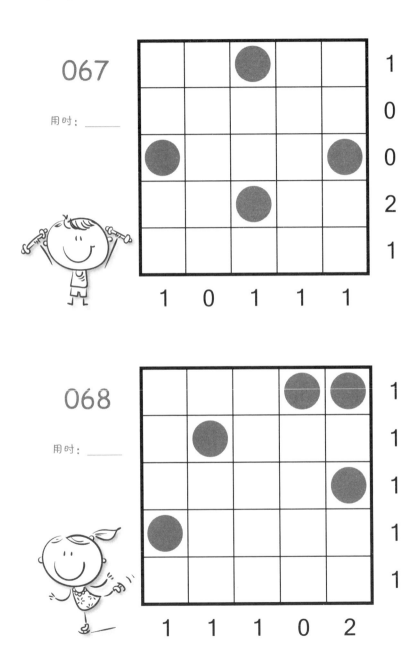

067

用时：_____

068

用时：_____

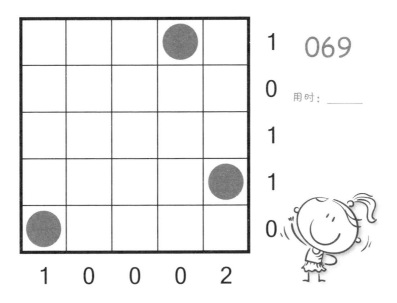

069

用时：_____

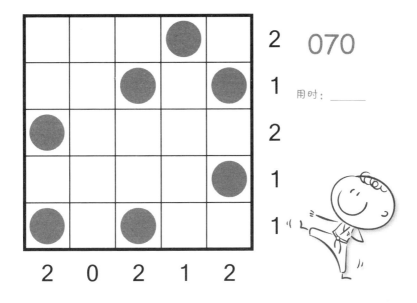

070

用时：_____

帐篷练习题

071

用时：_____

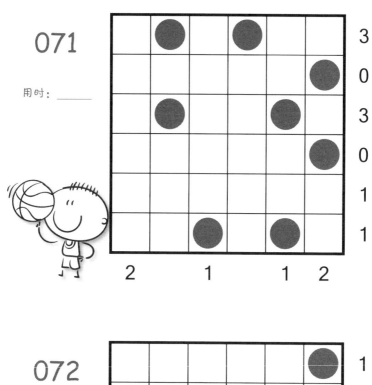

072

用时：_____

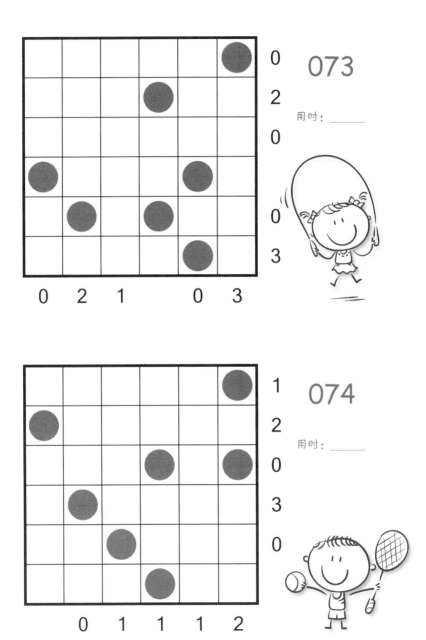

0
2
0
0
3

0 2 1   0 3

073

用时：_____

1
2
0
3
0

0 1 1 1 2

074

用时：_____

帐篷练习题

075

用时：_____

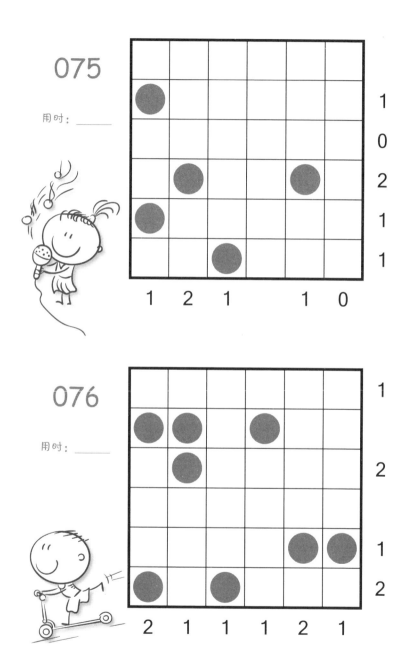

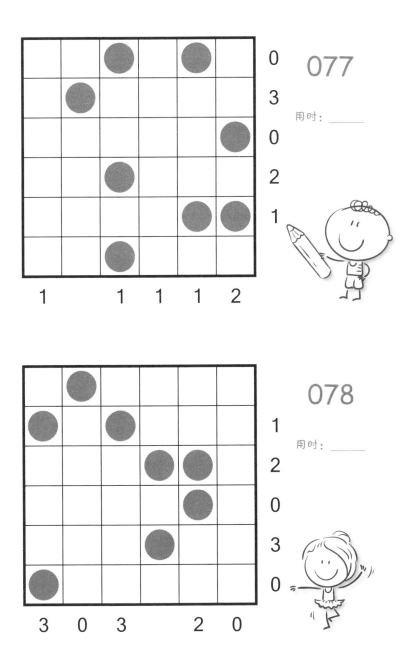

077

用时：＿＿＿＿＿

078

用时：＿＿＿＿＿

帐篷练习题

079

用时：_____

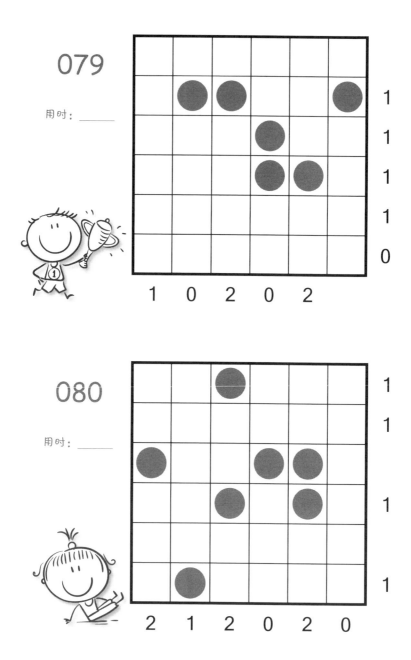

064

081

用时：＿＿＿＿

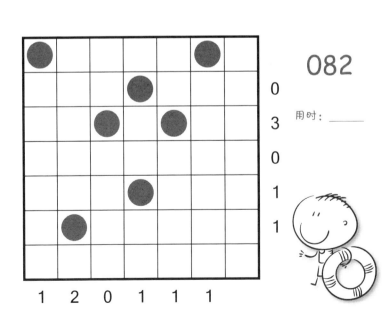

082

用时：＿＿＿＿

083

用时：＿＿＿＿＿

084

用时：＿＿＿＿＿

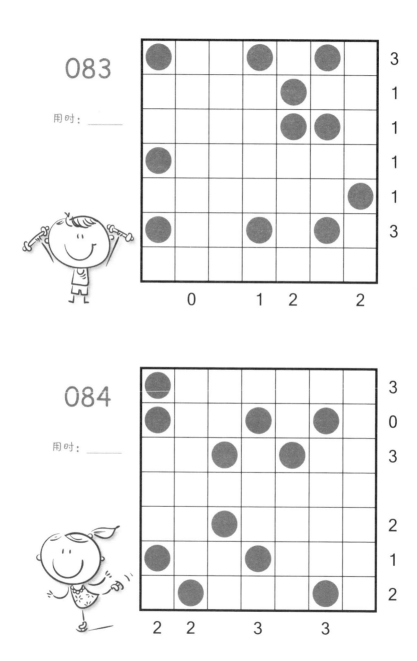

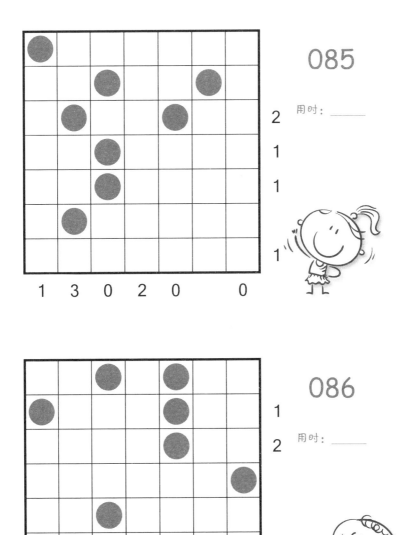

085

用时：_____

086

用时：_____

帐篷练习题

087

用时：＿＿＿＿＿＿

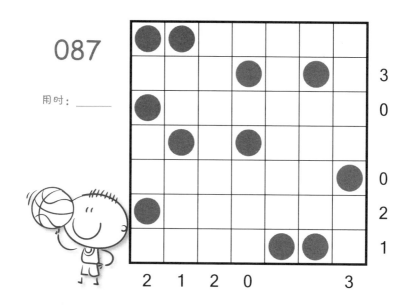

088

用时：＿＿＿＿＿＿

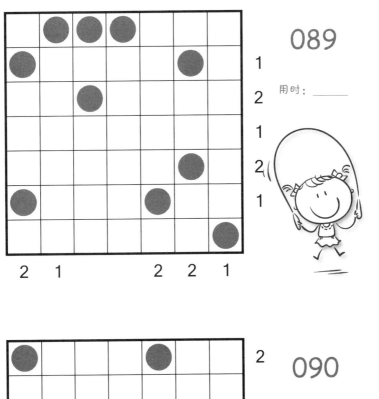

089

1

2 用时：_____

1

2

1

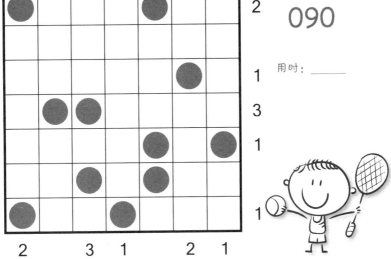

2 090

1 用时：_____

3

1

1

四风规则、技巧、例题详解

◀◀ **规 则** ▶▶

　　四风是一种画线类谜题，要求从题面标有提示数的黑格向四周画出若干长度的线段，线段所占格数总和为所标提示数。

❶ 从题面中标有提示数的黑格向上、下、左、右四个方向画出线段，线段所占格数之和等于所标提示数。若黑格所标提示数是 0，则表示不能从这个黑格画出线段。

❷ 从两个不同黑格画出的线段不能有重合或交叉，最终题面中所有空格都要被某条线段占据。

◀◀ **题 面** ▶▶　　　　　◀◀ **答 案** ▶▶

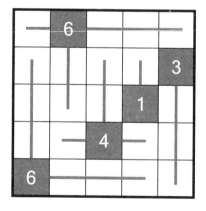

❶ 从黑格出发，根据提示数作出推理和判断，把从这一
格出发的线段全部或部分画好。

如图 1 所示，观察 D4 格的提示数 4，它的周围只有
4 个空格，因此，这 4 个空格都要从提示数 4 画出线段。
这种情况是最简单的，开局的时候一般都要寻找这种定式。

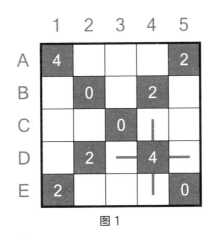

图 1

继续观察图 1，A1 格的提示数 4，它的右边和下面
各有 3 个空格，如果只向右侧画线，最多只能画 3 格，差
1 格，至少要向下画 1 格，向下画线同理，由此可以确定
A1 格提示数 4 周围 2 格的画法，如图 2 所示。

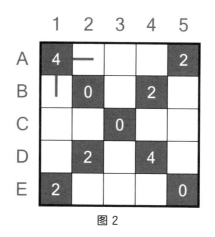

图 2

❷ 从白格出发，看这一格应该连接哪个黑格。

如图 3 所示，题面提示数之和为 16，空格数也为 16，所以空白格全部画线。其中，笑脸所在的 C5 格只能从上面的提示数 2 画线下来，长度刚好是 2 格。

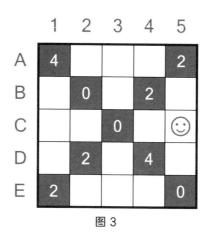

图 3

下面以练习题 100 为例，详细介绍四风的解题过程。

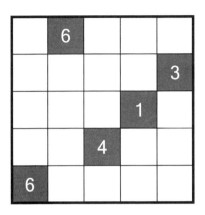

1️⃣ 观察题面，首先看 E1 格的提示数 6，它只能向上方或右侧画线，各有 4 个空格，因此，可知提示数 6 至少向上方和右侧各画两格线段，再看 E4 格，只能连接 E1 格的提示数 6，由此可以确定 E1 格上方和右侧 5 个空格的画线，如图 4 所示。

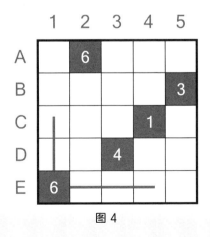

图 4

❷ 观察图 4，A1 格只能与 A2 格的提示数 6 相连，该提示数剩余的 5 格只能向右侧或下方画线，由此可知，A3 格、A4 格、B2 格、C2 格的线段必须与 A2 格的提示数 6 相连；此时还可以看出，B1 格只能与下方的提示数 6 相连，如图 5 所示。

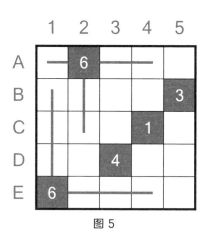

图 5

❸ 观察图 5，此时 E5 格只能与上方的提示数 3 相连，线段长度正好为 3；A5 格则必与 A2 格的提示数 6 相连；再看 D3 格的提示数 4，在它的左侧、上方、右侧只有 4 个空格，故全部与该提示数相连；C4 格的提示数 1 则向上方空格 B4 画线，最终得到本题答案如图 6 所示。

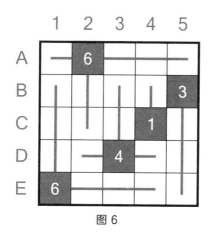

图 6

四风练习题

091

用时：_____

				5
	3			
			3	
3				
		6		

092

用时：_____

			7	
				2
	2			
		2		
7				

093

用时：_____

094

用时：_____

四风练习题

095

用时：_____

		2		
			1	
	5			
				5
7				

096

用时：_____

				8
			5	
0				
	2			
		5		

097

用时：_____

7				
	3			
				1
			3	
		6		

098

用时：_____

			5	
				2
2				
		4		
	7			

四风练习题

099

用时：_____

8				
				3
			3	
	4			
		2		

100

用时：_____

	6			
				3
			1	
		4		
6				

080

101

用时：_____

102

用时：_____

103

用时：＿＿＿＿＿＿

6			6		
		1			
				2	
	5				
					7
			2		

104

用时：＿＿＿＿＿＿

	6				
					8
			3		
5					
				5	
		3			

105

用时：_____

106

用时：_____

107

用时：_____

	9				
		6			
					1
			2		
				3	
9					

108

用时：_____

	2			1	
		4			
			4		
				3	
	8				
					7

109

用时：_____

110

用时：_____

四风练习题

111

用时：_____

	9					
		5				
5						
						3
					5	
				6		
			9			

112

用时：_____

		6				
	9					
			2			
					4	
						8
9						
				4		

086

113

用时：_____

114

用时：_____

四风练习题

115

用时：＿＿＿＿＿

				6		
					3	
		5				
	7					
			3			
9						
						9

116

用时：＿＿＿＿＿

9						
				5		
			3			
		5				
	6					
					6	
						8

117

用时：_____

118

用时：_____

119

用时：＿＿＿＿

			9			
8						
	5					
						4
		1				
				6		
					9	

120

用时：＿＿＿＿

					6	
	7					
		5				
			3			
9						
				4		
						8

TAPA 规则、技巧、例题详解

◀◀ 规 则 ▶▶

TAPA，意思为土耳其壁画，是一种涂黑类谜题，要求根据题面提示数将一些格子涂黑。

❶ 在标有提示数的格子周围一圈（即所有与提示数有接触的相邻和对角相邻格）涂黑若干格子，标有提示数的格子不允许涂黑。

❷ 提示数表示其周围一圈的连续黑格的数量，一个数字与一段黑格互相对应，两段连续黑格之间至少有一个白格隔开。

❸ 所有黑格必须连通成一个整体，且不得出现 2×2 的正方形区域。

◀◀ 题 面 ▶▶   ◀◀ 答 案 ▶▶

3			4	
			4	
		3	1 1	1
			1	

3			4	
			4	
		3	1 1	1
			1	

◀◀◀ 技 巧 ▶▶▶

❶ 提示数在角落：如图 1 所示，A1 格的提示数 3，它周围一圈只有 3 个（与它接触的）格子，必须全部涂黑；A5 格的提示数 0，表示它周围一圈的 3 个格子都不能涂黑，可以用一个点做标记。提示数 0 在任何位置，它周围一圈的格子都必须留白。

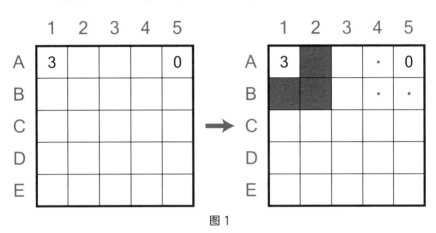

图 1

❷ 提示数在边缘：如图 2 所示，C1 格的提示数 5，它周围一圈只有 5 个格子，必须全部涂黑；观察 H3 格的提示数，3 个数字 1，说明它周围一圈的格子有 3 段黑格，每段 1 个黑格，因为每两段黑格之间至少有一个白格隔开，所以只有一种画法；再观察 H6 格的提示数，2 个数字 2，2 段黑格，每段 2 个黑格，也只有一种画法。

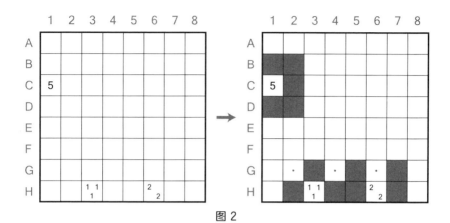

图2

❸ 提示数在中部：观察图 3，B2 格的提示数 8，其周围
   只有 8 个格子，所以，必须全部涂黑。

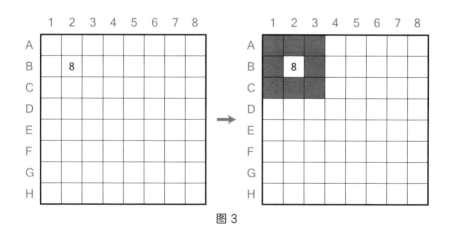

图3

④ 避免出现 2×2 的涂黑区域：如图 4 所示，第 1 步完成
   D1 格边缘提示数 5 的画法，之后观察 E4 格提示数 4。
   如果 E5 格留白，另外 4 格涂黑，则会出现 2×2 的涂
   黑区域，与规则要求相违背。所以，E5 格必须涂黑，
   涂黑的格子必须是连续的，则 E3 格留白，其余 4 格
   涂黑。

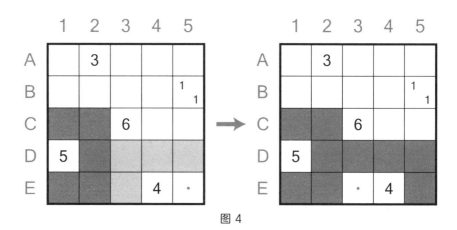

图 4

⑤ 必涂黑的格子：如图 5 所示，观察 A2 格的提示数 3，
   发现无论怎么涂，3 下面的 B2 格必须涂黑；同样的，
   观察 E4 格的提示数 4，发现无论怎么涂，4 上方的
   3 格必须涂黑。

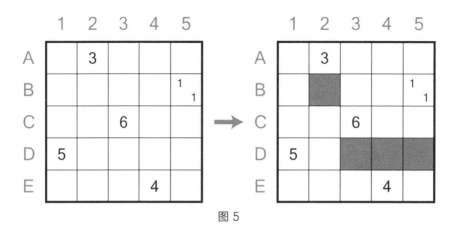

图 5

⑥ 连通性：如图 6 所示，观察 B5 格的提示数，2 个数字 1，
表示它周围一圈应涂黑 2 格，并且要有白格隔开。可
以发现 A4、A5 格应该涂黑 1 格，如果涂黑 A5 格，
留白 A4 格，会导致 A5 格无法与其他黑格连通，因此，
应涂黑 A4 格。

黑格的连通往往是解题的关键，要特别注意。

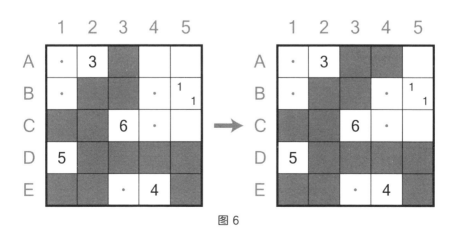

图 6

下面以练习题 130 为例，详细介绍 TAPA 的解题过程。

3			4	
			4	
		3	1 1	1
			1	

❶ 观察题面，A1 格的提示数 3，其周围只有 3 个格子，
必须全部涂黑；A4 格的提示数 4，其周围有 5 个格
子，根据之前介绍的技巧，提示数 4 下方的 3 个格子
必涂黑，A3 格应留白，否则会形成 2×2 的涂黑区域，
A5 格应涂黑，如图 7 所示。

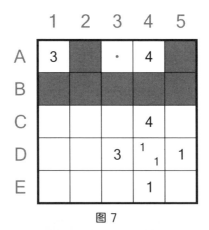

图 7

❷ 观察图 7 所示题面，D5 格的提示数 1，其周围有 2 个空格，如果 E5 格涂黑，无法与其他黑格连通，因此，应将 C5 格涂黑，E5 格留白，如图 8 所示。

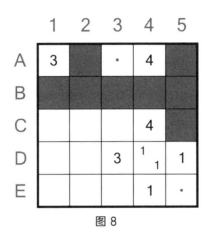

图 8

❸ 观察图 8 所示题面，C4 格的提示数 4，其周围已有 4 个涂黑的格子，因此，C3 格应留白；E4 格的提示数 1，其周围有两个空格，E5 已留白，则 E3 应涂黑，如图 9 所示。

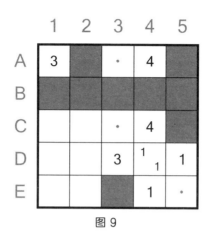

图 9

❹ 观察图 9 所示题面，D3 格的提示数 3，其周围已有 1
格涂黑，因黑格必须连续，所以可以确定 D2 格和 E2
格应涂黑，C2 格应留白；最后，根据黑格必须连通的
规则，将 C1 格和 D1 格涂黑，本题答案如图 10 所示。

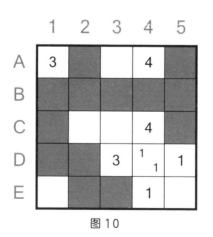

图 10

TAPA 练习题

用时：_____

		3		
3				
4			1 4	
	5		5	

用时：_____

			1 1	
		2 3		
	4	1 2		
		1 3		

123

用时：_____

		1 　1		2
		1 1 　2		
	7			
	2 　2		5	

124

用时：_____

	3	1 　2		
				4
4		7		3
3				2
				1

125

用时：_____

4		5	5	
3			3	
4				
			1	

126

用时：_____

	1 3		7	
5		5	3	
		2		0

TAPA 练习题

127

用时：_____

		2		
	1 4			
				3
1	2	4		2

128

用时：_____

2				
2				4
1		6		
	4			2
			3	1

129

				1
5		7		1 1
				2
	1	1		1

用时：＿＿＿＿＿

130

3			4	
			4	
		3	1 1	1
			1	

用时：＿＿＿＿＿

103

131

用时：_____

	2			1 1	1
			6		
3					
4					4
		2	2		

132

用时：_____

					1
1	1 3				1
			5	3	2
				7	
	4	1 2			

133

					1
	5		5	2	
	4				
				5	
4					
		1 2	2	3	

用时：＿＿＿＿

134

	2				
1			5	2	
	2 3				0
			3		1
	7		5		

用时：＿＿＿＿

TAPA 练习题

135

用时：＿＿＿＿＿＿

3					
2	5			1 1 3	
	5			1 4	
				1 1	

136

用时：＿＿＿＿＿＿

3				2	
				5	2
	6	1 4			
			6		
4					2
		5			

106

137

用时：_____

	3			1 1	1
				2 2	
	3				
	5	5		7	

138

用时：_____

1					
1 1		1 3			4
2					
			5		4
	2		3	4	

139

用时：_____

1				1 2	1
		6		6	
			1 3	1 3	2
5					2

140

用时：_____

			4	5	
	2				
2			2		
				6	
	3	4			

141

用时：＿＿＿＿＿

142

用时：＿＿＿＿＿

143

用时：_____

	7		7		4	1
		1 2				
0						
2			7	2 2		
					1 1	

144

用时：_____

			4			
1					3	1
		7			1 3	
1						
	2 3					
					4	
2			3	1 1		

145

用时：_____

	1 2		4	2		0
	6					0
			6			
	7					
		1 1 3			2 3	
	7		7			

146

用时：_____

2						
		5				
		2			1 5	1 2
1 2		1				
		3		2 3		
	5			3	4	

TAPA 练习题

147

用时：_____

3					2	0
2			7	2 3		
	2					
	1 3	6				
					6	
	3	4				

148

用时：_____

0	1					
2					7	
			1 4			
		1 3				4
1 2				7		
						2
		5				1

149

用时：＿＿＿＿＿＿

	2	4				3
	1		6			
						3
	6		1	3		4

150

用时：＿＿＿＿＿＿

			4			
	1 5				4	
	6					
				1 2		
4		7	2 2			
4				2	3	
		5				

美术馆规则、技巧、例题详解

◀ ◀ ◀ 规 则 ▶ ▶ ▶

　　美术馆是一种放置类谜题，要求根据黑格内提示数在空白格内放入"灯泡"，这些灯泡的灯光将把整个"美术馆"照亮。

❶ 在空白格中放入灯泡（灯泡可以向上下左右四个方向发出灯光，可以画圈（●）表示灯泡）。

❷ 光线遇到黑格会被挡住，无法照到黑格的另一侧。

❸ 黑格中的提示数表示其上下左右相邻四格内的灯泡数量，没有标提示数的黑格周围灯泡数不限。

❹ 两个灯泡不能互相照射到。

❺ 最终要求所有空格都被灯泡或灯光占据。

◀ ◀ 题 面 ▶ ▶ ▶　　　　◀ ◀ ◀ 答 案 ▶ ▶

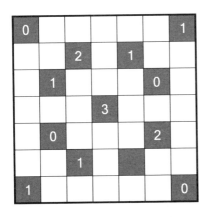
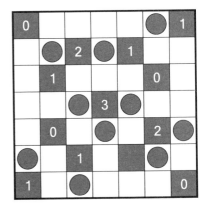

◀◀ 技 巧 ▶▶

❶ 单个数字确定灯泡位置：如图1所示，题面角上的数字2（图1（a）），边缘的数字3（图1（b））和中部的数字4（图1（c）），这三种情况都能确定其周围的灯泡。

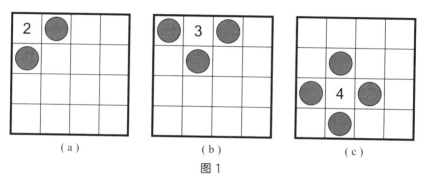

（a）   （b）   （c）

图1

❷ 单个数字确定不能放灯泡的格子：如图2所示，题面角上的数字1（图2(a)），边缘的数字2（图2(b)）和中部的数字3（图2(c)），这三种情况虽不能确定灯泡的位置，但可以确定不能放灯泡的格子。图2(a)中，两个"？"处一定有一个灯泡，因为两个灯泡不能互相照射到，因此，不管灯泡在哪一格，"×"格内都不能是灯泡。图2(b)和图2(c)也是同样的道理，请读者自行理解。

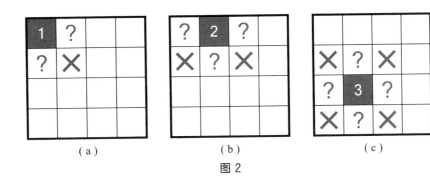

（a） （b） （c）

图2

❸ 组合1+2：如图3(a)所示，提示数1和2相邻，此时黑格数字2其实相当于是靠边的，第5列两个"×"格不能是灯泡；a,b,c三格中必有一个灯泡，不管在哪一格，加上数字2的灯泡，可以确定第2列两个"×"格不能是灯泡。

如图3(b)所示，a,b两格受数字1的影响，要么没有灯泡，要么只有一个灯泡，那么数字2边上的两个"?"格中至少有一个灯泡，由此可以确定"×"格不能是灯泡。

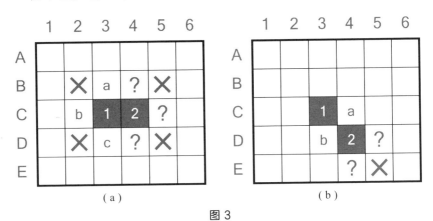

图3

4 组合 1+3：如图 4(a) 所示，受提示数 1 的影响，两个"？"格最多只有一个灯泡，可以确定提示数 3 右侧和下方格内有两个灯泡，于是两个"？"格中有且只有一个灯泡，还能确定提示数 1 上方和左侧格内不能有灯泡。

如图 4(b) 所示，提示数 1 和 3 在同行且两格之间有一个空格，我们可以确定图中画"×"的格子不能放灯泡，具体分析过程参考图 4(c) 和表 1。

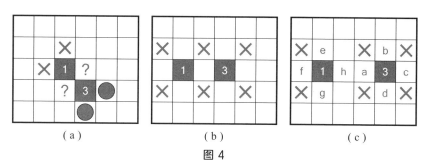

图 4

表 1

序　号	黑格 3 旁的灯泡位置	黑格 1 旁的灯泡位置
1	a、b、c	g 或 f
2	a、b、d	f
3	a、c、d	e 或 f
4	b、c、d	h 或 f

⑤ 组合 2+2：如图 5(a) 所示，两个提示数 2 相邻，因为两个灯泡之间不能互相照射到，可以很容易确定它们左右两格一定有灯泡。每个黑格旁还差一个灯泡，可能是 a,d 两格有灯泡，也可能是 b,c 两格有灯泡，不管哪种情况，都可以确定四个"×"格内不能有灯泡。

图 5(b) 中，两个提示数 2 中间隔了一格，如果 a 格有灯泡，可以确定两个"×"格内不能放灯泡；如果 a 格没有灯泡，则和图 5(a) 的情况相似，能得到同样的结论。

图 5(c) 的情况比较复杂，这里只给出结论：四个"×"格内不能放灯泡。分析过程类似于组合 1+3，请读者自己完成。

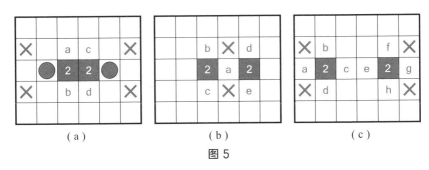

图 5

⑥ 其他组合：图 6 给出了组合 2+3 的结果图例；图 7 给出了组合 3+3 的结果图例，分析过程请读者自行探索。

118

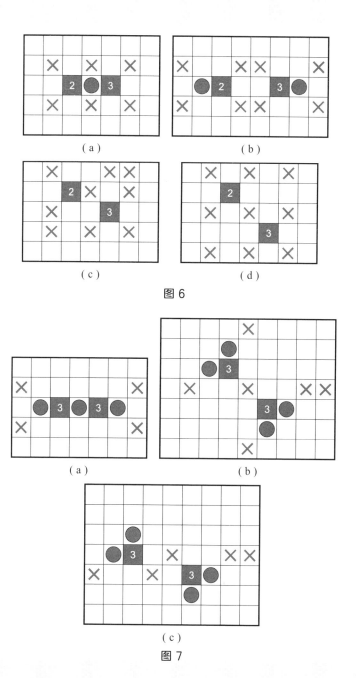

（ a ）　　　　　　　　　　（ b ）

（ c ）　　　　　　　　　　（ d ）

图 6

（ a ）　　　　　　　　　　（ b ）

（ c ）

图 7

119

▷◁◁ 例题详解 ▷▶▶

下面以练习题 177 为例，详细介绍美术馆的解题过程。

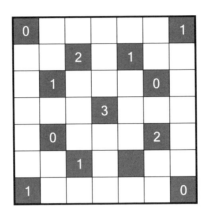

❶ 观察题面，首先把提示数 0 的上下左右四格标记"×"；
根据前述组合 1+2 的结论，A4 格不能放灯泡；根据
前述提示数 3 在中间的情况，C3、C5、E3、E5 格
不能放灯泡，如图 8 所示。

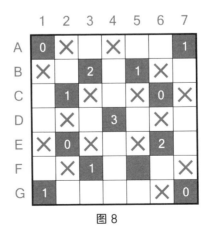

图 8

② 观察图 8 所示题面，E6 格的提示数 2 四周只有两个空
  格，因此，E7 格和 F6 格放灯泡；A7 格的提示数 1
  下方不能放灯泡（否则会和 E7 格的灯泡互相照射），
  因此，A6 格放灯泡，A5 格和 A3 格不能放灯泡，如
  图 9 所示。

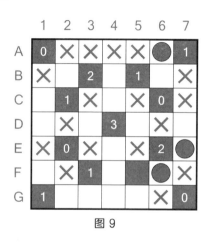

图 9

❸ 观察图 9 所示题面，B3 格的提示数 2 左右还剩两个空
格，B2 格和 B4 格放灯泡，同时满足了 B5 格的提示
数 1；C4 格不能放灯泡，因此，D4 格的提示数 3 的
灯泡应该在左侧、右侧和下方；F4 格不能放灯泡，则
F3 格的提示数 1 的灯泡应该在 G3 格；最后，G1 格
的提示数 1 的灯泡应在 F1 格，本题答案如图 10 所示。

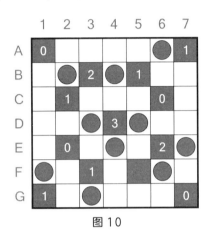

图 10

美术馆练习题

1		3		1
1		1		0
1		0		0

151

1				2
	1		3	
	1		3	
0				1

152

153

用时：_____

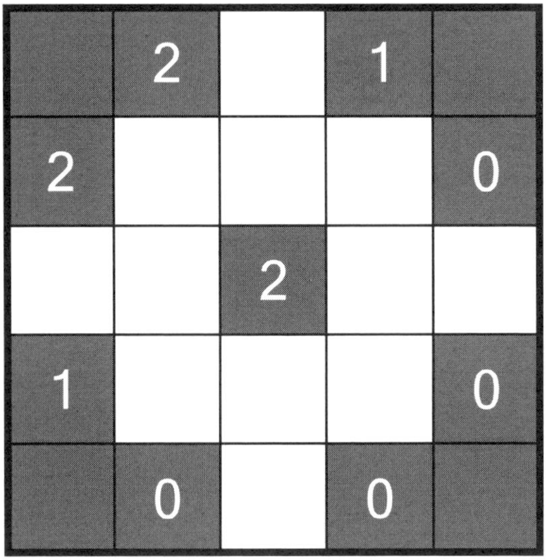

154

用时：_____

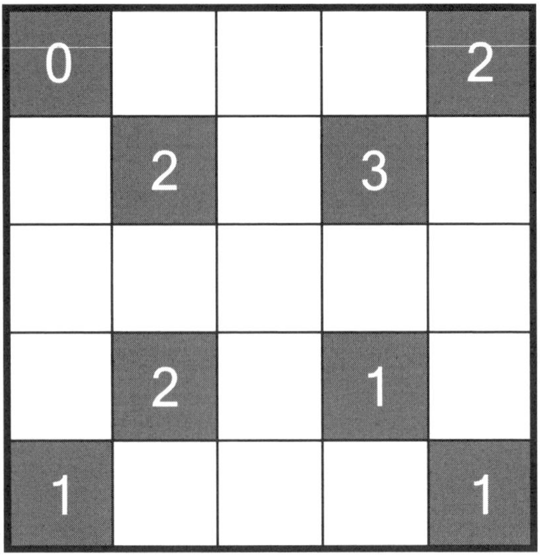

2				1
	4		2	
	1		1	
0				1

155

用时：_____

0				1
	2		2	
	3		1	
2				1

156

用时：_____

157

用时：_____

158

用时：_____

159

用时：_____

160

用时：_____

美术馆练习题

161

用时:＿＿＿＿

162

用时:＿＿＿＿

128

163

用时：_____

164

用时：_____

165

用时：＿＿＿＿＿＿

0		0	0		0
1			0		0
		0	1		0
0		0	1		0

166

用时：＿＿＿＿＿＿

		0	0		
1		0	1		1
		1	0		1
		0		0	

167

用时：_____

168

用时：_____

169

用时：_____

170

用时：_____

171

1		2		2		0
0						2
			2			
0						2
0		0				1

用时：_____

172

0						1
		1		0		
	2			1		
	0	0		1	2	
		1		2		
1						0

用时：_____

173

用时：_____

		0		1		
	0			1	1	
	1	0		1	1	
		1		2		

174

用时：_____

0		1		1		0
0		1		1		2
		1		0		

175

用时：_____

176

用时：_____

美术馆练习题

177

用时：＿＿＿＿＿

0						1
		2		1		
	1				0	
			3			
	0				2	
		1				
1						0

178

用时：＿＿＿＿＿

0						1
		1		0		
	1	0		1	0	
			2			
	1	1		2		
				2		
0						0

179

用时：_____

180

用时：_____

数和规则、技巧、例题详解

◀◀◀ 规 则 ▶▶▶

数和是一种计算类谜题，涉及的运算主要是加减法，具体规则如下：

❶ 将数字 1~9 填入空格，同行、同列中连续白格内的数字不重复。

❷ 斜线右上方的数字表示本格右侧连续空格的数字之和，斜线左下方的数字表示本格下方连续空格的数字之和。

◀◀◀ 题 面 ▶▶▶

			20╲	30╲
		╲16		
	8╲	7╲		
13╲				
29╲				
		7╲		

◀◀◀ 答 案 ▶▶▶

			20╲	30╲
		╲16	7	9
	8╲	7╲		
13╲	1	2	3	7
29╲	7	5	9	8
		7╲	1	6

◀◀◀ 技 巧 ▶▶▶

1 唯一性数字组合：从唯一性入手，下表整理了一些唯一性数字组合，方便大家在解题中应用。

数字个数	和	组 合	和	组 合	和	组 合	和	组 合
2	3	1+2	4	1+3	16	7+9	17	8+9
3	6	1+2+3	7	1+2+4	23	6+8+9	24	7+8+9
4	10	1+2+3+4	11	1+2+3+5	29	5+7+8+9	30	6+7+8+9
5	15	1+2+3+4+5	16	1+2+3+4+6	34	4+6+7+8+9	35	5+6+7+8+9

2 纵横相减：如图 1 所示，纵向观察左上角第 2 列和第 3 列，四个格子的和为 3+12=15；横向观察左上角 B 行和 C 行，五个格子的和为 11+6=17。横向五个格子比纵向四个格子大（17-15=2），这是由多出的格子导致的，因此，多出的 C4 格应该填数字 2。

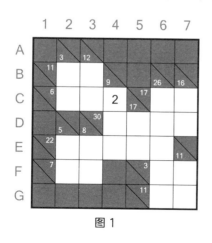

图 1

139

下面以练习题190为例，详细介绍数和的解题过程。

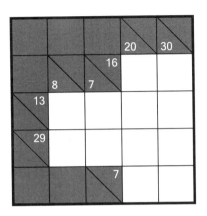

1 观察题面给出的提示数，根据之前给出的唯一性数字组合，可知4个数字之和为29，只有一种可能5+7+8+9。D行四个空格应该填入数字5、7、8、9，因B3格斜线左下方提示数为7，故D3格只能填入数字5；B2格斜线左下方提示数为8，故D2格只能填入数字7；进一步得出，C2=1，C3=2，如图2所示。

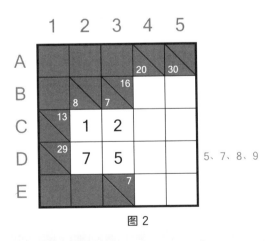

图2

❷ 观察图 2 所示题面，A5 格斜线左下方提示数 30，
   第 5 列四个空格只有一种组合 6+7+8+9，因 E3 格
   斜线右上方提示数为 7，故 E5 格只能填入数字 6，
   E4=1，如图 3 所示。

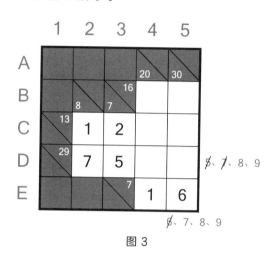

图 3

❸ 观察图 3 所示题面，B4、B5 格应填入数字 7、9，D4、D5 格应填入数字 8、9，B5、C5、D5 应填入数字 7、8、9；因 C4+C5 格和为 10，C 行已有数字 1 和 2，所以，C4、C5 格只能填入数字 3 和 7 或 4 和 6；由此得出，第 5 列的数字 8 只能填入 D5 格内，D4=9，B4=7，B5=9，C5=7，C4=3，本题答案如图 4 所示。

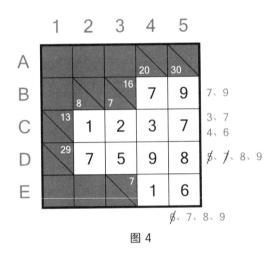

图 4

142

数和练习题

181

用时：_____

182

用时：_____

数和练习题

183

用时：_____

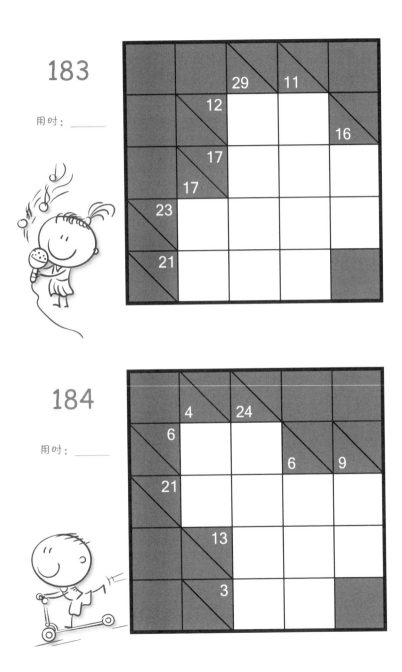

184

用时：_____

185

用时：_____

186

用时：_____

187

用时：_____

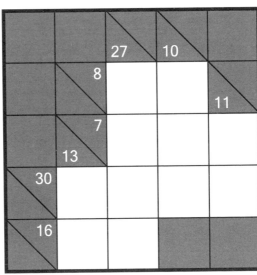

188

用时：_____

189

用时：_____

	15	6	28	
19				8
16				
	8			
		14		

190

用时：_____

			20	30
	8	7	16	
13				
29				
		7		

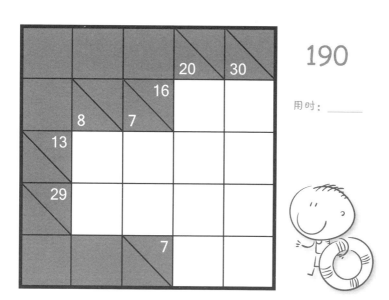

191

用时：_____

192

用时：_____

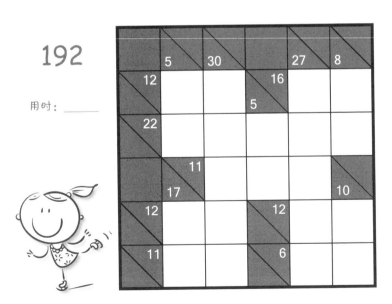

193

用时：_____

194

用时：_____

数和练习题

195

用时：_____

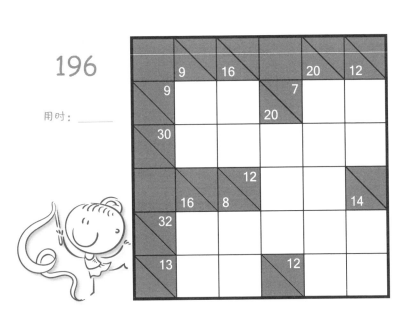

196

用时：_____

150

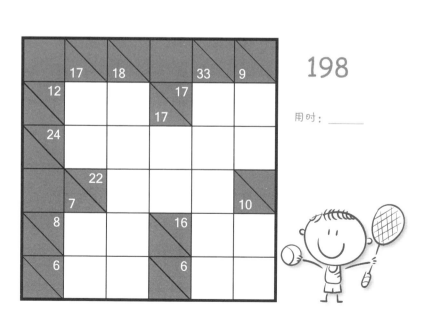

197

用时：＿＿＿＿＿＿

198

用时：＿＿＿＿＿＿

数和练习题

199

用时：_____

200

用时：_____

201

用时：＿＿＿＿＿

202

用时：＿＿＿＿＿

203

用时：_____

204

用时：_____

205

用时：_____

206

用时：_____

207

用时：_____

	12	34			33	3
5				9		
14			14 / 5			
	20 / 6					13
	6 / 3			16 / 11		
11			7			
7			11			

208

用时：_____

			11	14		
		9			20	16
	11 / 3					
27				4		
11			4 / 6			
	6 / 5	12				
25						
3			5			

209

用时：＿＿＿＿＿

210

用时：＿＿＿＿＿

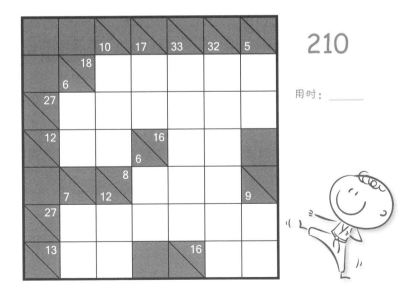

数回规则、技巧、例题详解

数回是一种画线类谜题，题面由一个矩形点阵组成，该矩形点阵内在不同位置设置了0，1，2，3四个提示数，每一个数字代表四周画线的数目，将点与点之间连线，并满足如下规则：

❶ 点与点以竖线和横线相连，使之成为一个回路，且只能有一个回路。

❷ 数字四周的线段的数目与该数字相等，没有数字的地方，线段的数目没有限制。

❸ 所有线段不能交叉和分叉。

◄ ◄ ◄ 题 面 ► ► ►　　　　◄ ◄ ◄ 答 案 ► ► ►

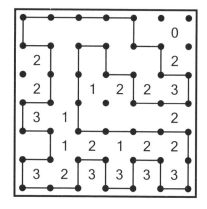

技 巧

❶ 解数回谜题，发现不能画线的地方十分重要，首先从 0 开始入手。根据数回的规则，0 四周不能画线，所以用"×"进行标记；0 的旁边有数字 3，可以在数字 3 的周围画三条线段；两个 0 之间夹着数字 2，可以在数字 2 的周围画两条线段，如图 1 所示。

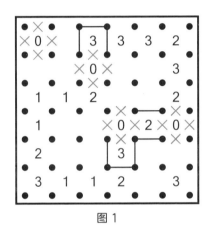

图 1

❷ 由于最后所有线段要连接成闭合回路，所以，除了要考虑提示数四周线段的数量，还要考虑如何将画出的线段同其他线段连接起来。

❸ 观察图 2 标有 △ 的地方（6 处），如果将已画出的线段与标有 △ 的地方相连，就会出现分叉；如果与标有 ◎ 的地方（3 处）相连，就会因为 × 而断掉，所以图 1 中已画出线段的延伸方式如图 2 所示。

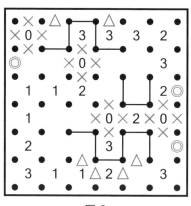

图 2

❹ 数回的连线方式有一些定式，代表性定式如图 3 所示。

代表性的定式

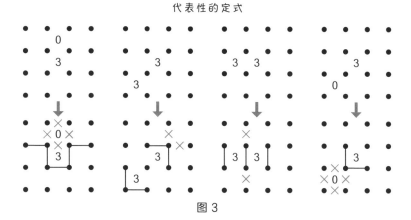

图 3

160

⑤ 题面的边框处或者一角的连线定式如图 4 所示。

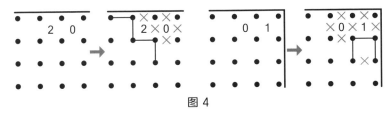

图 4

◀◀ **例题详解** ▶▶▶

下面以练习题 230 为例，详细介绍数回的解题过程。

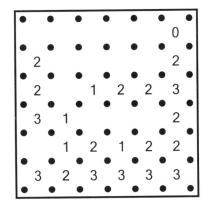

1 首先根据数回规则，将数字 0 四周画 ×，再根据之前给出的代表性定式，在最下面一行相邻的数字 3 之间画线，如图 5 所示。

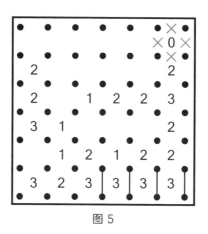

图 5

2 观察图 5 所示题面，为了让最终所有线段连成闭合回路，最下面一行最右侧的数字 3 应该在其下方画线，由此，向左侧延伸完成若干提示数的画线，如图 6 所示。

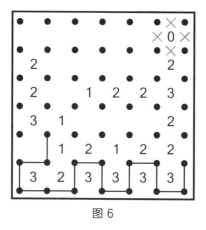

图 6

❸ 观察图 6 所示题面，左侧线段不能向上延伸，否则画
完左侧数字 3 的线段无法完成闭合回路，因此只能向
左侧延伸，继续向上画线，没有提示数的地方，线段
数目没有限制，如图 7 所示。

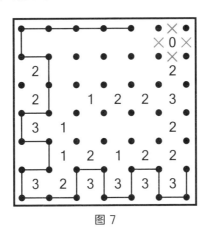

图 7

❹ 观察图 7 所示题面，还剩右侧数字没有画线，根据提
示数同时注意完成闭合回路，能够比较轻松地完成解
题，最终答案如图 8 所示。

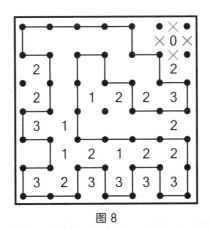

图 8

数回练习题

211

用时：_____

```
3 3 2 3
2 0 1   3
2 1 0   3
2 3 2   2
3 2     3
```

212

用时：_____

```
2 2   2
3 1   2
3 2 3 3
3 0   1 2
  3 2 2 3
```

213

用时：＿＿＿＿

```
1   2   3
3       1   0   2
2   3   1   1   2
    2       3
    3   2       3
```

214

用时：＿＿＿＿

```
3   1
    2       3   2
2   1   2   1   0
1   1   2   2
    3   2   2   3
```

215

用时：_____

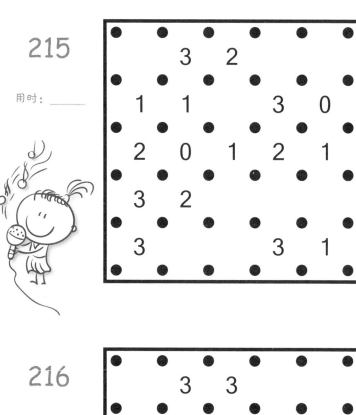

216

用时：_____

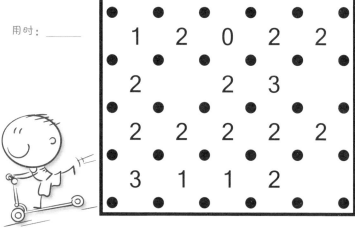

1 3 3 3 2
2 1 2 0 3
3   3   3
3   1 2
      2 2

用时：_____

2 2   2
2 0 1 0 1
3 1 0   1
2 1 1 3
3 3 3   3

用时：_____

219

用时：_____

	1	2	2	2	
	3	2	1	0	3
	2	2		2	3
	3	1		0	
	2	3	3	2	

220

用时：_____

3	2	2	1		
		3	2	3	
		2	0	3	
2		1	1	3	
2	2	1	1		

168

221

用时：＿＿＿＿

```
    3  3  3  3  2
 2        0  1  1  3
 2  2  1        3  2
    3  1        2  3
    1  1        3
 2  3  3  2  2
```

222

用时：＿＿＿＿

```
 3  2           3
 2        2        0
 2        2        2  3
 1  2        1  0
          2        1
    1  0  2  2  3
```

223

用时：_____

```
1           2
  2 2 0     2
2 2     1 1 3
3   3     0 3
      2   2 3
    3 2 2 1 3
```

224

用时：_____

```
          3 2
    3 2     2
  1 0 3 2     1
  1     2   2 3
  2 2 1 3 2
    3 2 2 2 3
```

225

用时：_____

226

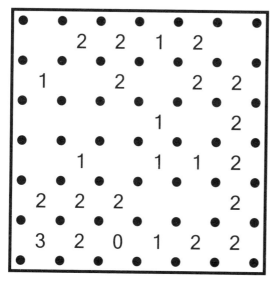

用时：_____

数回练习题

227

用时：_____

228

用时：_____

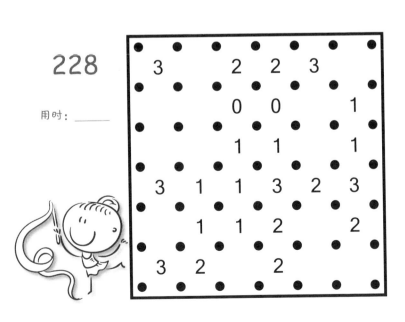

172

229

	3	2	3	3		3
			1	0		
	2			0	2	2
	3	2	2	2	2	
	2		2		3	3
	3		1			

用时：_____

230

						0
	2					2
	2		1	2	2	3
	3	1				2
		1	2	1	2	2
	3	2	3	3	3	3

用时：_____

173

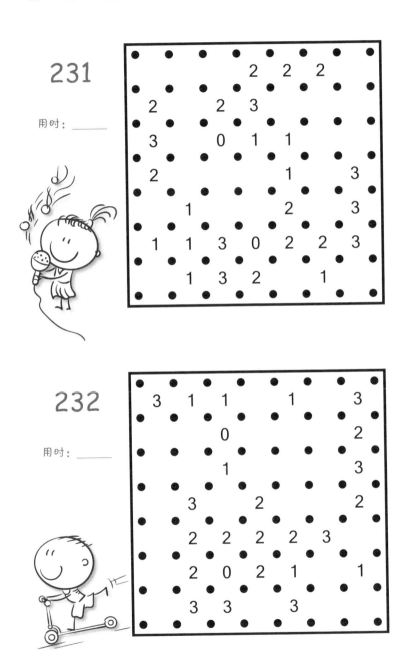

231

用时：_____

232

用时：_____

233

用时：_____

234

用时：_____

235

用时:_____

	2				3
2		2	1	2	
2	1		1		1
3	2	3	1	2	3
		1		0	3
	2				3
2	3	2	3	1	

236

用时:_____

	0		1		
3		2	1		2
	2	3	2		1
2		1	1	2	2
2	1		2		
2	1				2
3		0	2	2	

237

3　2　3　3　　　3

　　　　　　1　　　3

2　2　2　2　　　　2

3　　　3　3　3　2　3

3　　　　0　2　　　3

3　1　　　　　　　3

2　　　2　　　2

238

1　　　　　1

3　2　　　2　　　1

2　　　　　　　　3

　　2　2　1　2　2　3

　　　　2　　　0　3

　　　　2　　　　3

　　3　3　2　3　1

177

239

用时：_____

```
·  ·  ·  ·  ·  ·  ·  ·  ·
      1     2     2
·  ·  ·  ·  ·  ·  ·  ·  ·
   1  0  1  1     1
·  ·  ·  ·  ·  ·  ·  ·  ·
         3  3  3  1  2
·  ·  ·  ·  ·  ·  ·  ·  ·
   2     0        2
·  ·  ·  ·  ·  ·  ·  ·  ·
   2     3     1  0
·  ·  ·  ·  ·  ·  ·  ·  ·
   1  1  2     1     3
·  ·  ·  ·  ·  ·  ·  ·  ·
         2     3  2
·  ·  ·  ·  ·  ·  ·  ·  ·
```

240

用时：_____

```
·  ·  ·  ·  ·  ·  ·  ·  ·
   3  3
·  ·  ·  ·  ·  ·  ·  ·  ·
   2        1     3  1
·  ·  ·  ·  ·  ·  ·  ·  ·
   2        1  1     2
·  ·  ·  ·  ·  ·  ·  ·  ·
   2     3  1     2
·  ·  ·  ·  ·  ·  ·  ·  ·
   3  1        3     2
·  ·  ·  ·  ·  ·  ·  ·  ·
         1  2  0     2
·  ·  ·  ·  ·  ·  ·  ·  ·
   3        3        3
·  ·  ·  ·  ·  ·  ·  ·  ·
```

数墙规则、技巧、例题详解

◄◄ 规 则 ►►►

数墙是一种涂黑类谜题，题目的格子中包含一些提示数，根据规则涂黑格子以建立墙体，从而分离提示数，使得每个数字所在区域都相互隔离，且墙体能连成一个整体，并满足如下规则：

1 在题面内涂黑若干空格，所有涂黑的格子必须连成一道完整的墙。

2 不能出现 2×2 的墙体。

3 墙体将题面隔成若干留白的区域，每个留白区域只包含一个提示数，该数字为本区域内留白格数（标有数字的格子也算作白格）。

◄◄ 题 面 ►►►

				4
	1			
2				
				4

◄◄ 答 案 ►►►

◀◀◀ 技 巧 ▶▶▶

❶ 对于提示数 1，不管其在什么位置，上下左右的格子
必须涂黑，如图 1 所示。

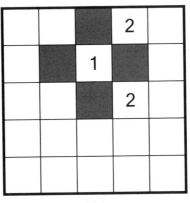

图 1

❷ 对于提示数 2，如果出现在题面的角上，则和数字 2
对角相邻的格子必须涂黑，如图 2 所示。

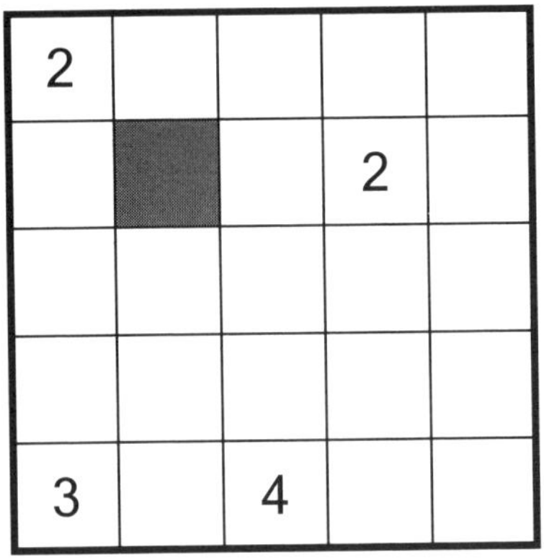

图 2

❸ 两个提示数之间有一个空格时，如图 3 所示，最下面
一行的数字 3 和数字 4 之间的空格必须涂黑，又由于
所有涂黑的格子必须连成一道完整的墙，所以该格子
必须向上延伸，涂黑上面的格子。

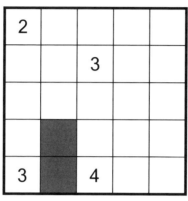

图 3

❹ 两个提示数对角相邻时，它们之间对角相邻的两个格
子必须涂黑，如图 4 所示。

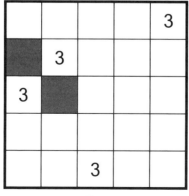

图 4

❺ 两个提示数分布在一个角的两个边上时，与这两个提示数接触的格子必须涂黑，如图 5 所示。

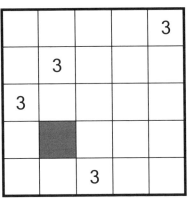

图 5

❻ 提示数连接不到的格子必须涂黑，如图 6 所示。

图 6

7 根据规则，不能形成 2×2 的涂黑区域，因此有些格子
必留白，可以用·做标记，如图 7 所示。

图 7

▶▶▶ **例题详解** ◀◀◀

下面以练习题 251 为例，详细介绍数墙的解题过程。

183

❶ 首先，提示数 1 上下左右的四个格子必须涂黑；此时，提示数 2 下方的 D1 格必须留白，此格周围的格子应涂黑；另外，提示数连接不到的 A1 格应涂黑，如图 8 所示。

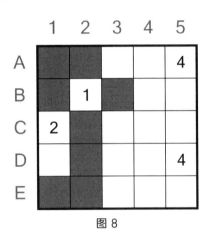

图 8

❷ 观察图 8 所示题面，根据规则，不能形成 2×2 的涂黑区域，因此，C3 格和 D3 格必为一个涂黑一个留白。若 C3 格留白，则它应在 D5 格提示数 4 的区域内，D5 格提示数 4 左侧及下方的其他格均涂黑，此时就形成了 2×2 的涂黑区域，不符合规则；因此，C3 格应涂黑，D3 格应留白，如图 9 所示。

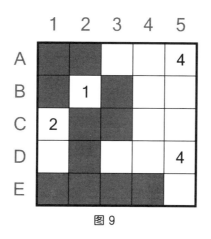

图 9

❸ 观察图 9 所示题面，继续根据提示数以及涂黑格子必须连成一道完整的墙的规则，可以完成余下的部分，答案如图 10 所示。

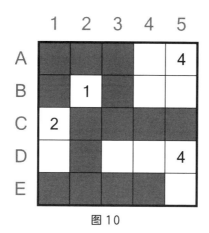

图 10

185

数墙练习题

241

用时：_____

	2		
			4
4			

242

用时：_____

			2
		4	
3			

243

用时：_____

1			
	2		
		4	

244

用时：_____

		2	
4			

245

用时：_____

		2	
4			
			3

246

用时：_____

		3	
2		2	

	2		
		3	

247

用时：_____

	2		2
		2	

248

用时：_____

249

用时：_____

			4
			3

250

用时：_____

			2
3		2	

251

用时：_____

				4
	1			
2				
				4

252

用时：_____

3				3
			3	
				5

数墙练习题

253

用时：_____

				3
2				
		3		2

254

用时：_____

		3		
3				
	3			
				3

192

255

用时：_____

			3	
2				
		2		2
	3			

256

用时：_____

			2	
2				
5				
				3

数墙练习题

257

用时：_____

			3	
		2		
4				2

258

用时：_____

1			3	
				3
2				
				3

194

259

用时：_____

3				
3		4		

260

用时：_____

				4
				5
		5		

数墙练习题

261

用时：_____

			3		
2					
			2		
3		2			5

262

用时：_____

3				2	
		2			
4					
			3		

196

263

用时：＿＿＿＿＿

2					2
		2			2
		3			
			3		

264

用时：＿＿＿＿＿

5					
					2
	3				
				4	

265

用时：＿＿＿＿＿

		4			
2					
2			4		
	2		4		

266

用时：＿＿＿＿＿

			4		
					3
	2				
			2		
		2			
			3		

267

用时：_____

2			4		
					1
			4		
3				2	

268

用时：_____

					2
		3			
	3				
			3		
2					

数墙练习题

269

用时：_____

		3			
					2
					2
			4		
2					

270

用时：_____

2					5
		1			
		3			
	5				3

200

珍珠规则、技巧、例题详解

◀ ◀ ◀ 规 则 ▶ ▶ ▶

　　珍珠是一种画线类谜题,题面会给出一些黑珍珠和白珍珠,按规则通过画线把给出的所有珍珠串成一条项链,具体规则如下:

① 通过格子中央在题面内画线,所有线段不能交叉和分叉,必须经过所有珍珠形成闭合回路。

② 经过黑色珍珠时必须拐弯,但相邻格内不得拐弯,如图1所示。

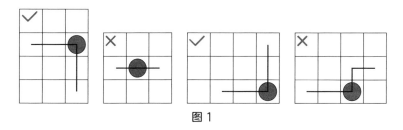

图1

③ 经过白色珍珠时不能拐弯,但相邻格内至少有一个拐弯,如图2所示。

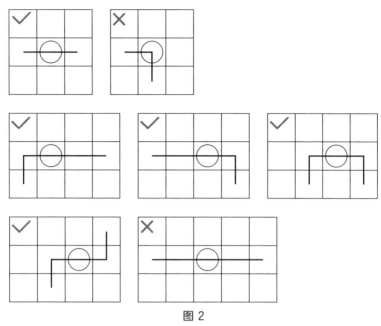

图 2

◀◀◀ 题 面 ▶▶▶　　◀◀◀ 答 案 ▶▶▶

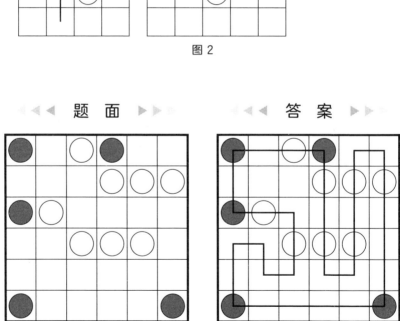

202

技 巧

1 两个白珍珠在边上相邻，前后一格转弯，如图 3 所示。

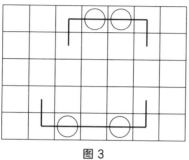

图 3

2 两个黑珍珠相邻，线段对向走，如图 4 所示。

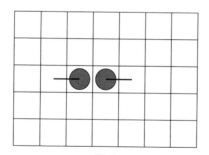

图 4

203

❸ 两个以上白珍珠相邻，必不相连，如图 5 所示。

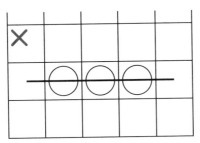 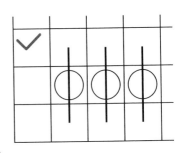

图 5

下面以练习题 287 为例，详细介绍珍珠的解题过程。

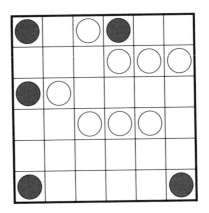

① 观察题面，有两处三格白珍珠相邻，每一处的三格白珠必不相连，如图 6 所示。

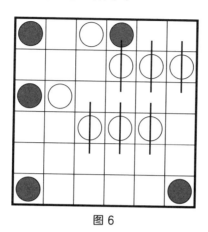

图 6

② 观察图 6 所示题面，为了最终形成一串项链，将已画出的线段相连，并延伸，遇到黑珍珠拐弯，遇到白珍珠不拐弯，如图 7 所示。

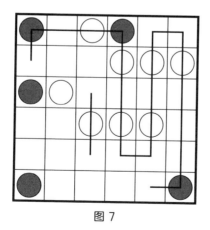

图 7

205

❸ 观察图 7 所示题面，目前还剩题面左侧未完成，继续根据谜题规则，遇到白珍珠不拐弯，遇到黑珍珠必拐弯，且相邻格不能拐弯，能够比较容易地完成题目，答案如图 8 所示。

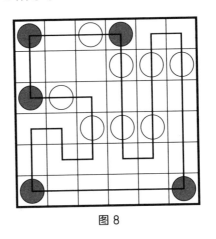

图 8

珍珠练习题

271

用时：_____

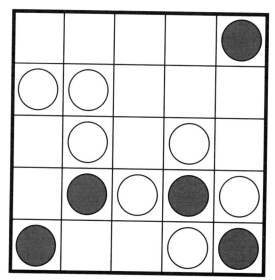

272

用时：_____

273

用时：_____

274

用时：_____

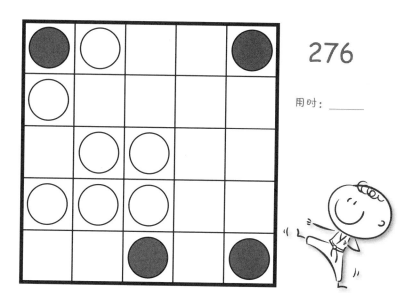

珍珠练习题

275

用时：_____

276

用时：_____

209

珍珠练习题

277

用时：_____

278

用时：_____

210

279

280

281

用时：_____

282

用时：_____

283

用时：＿＿＿＿＿

284

用时：＿＿＿＿＿

213

285

用时：_____

286

用时：_____

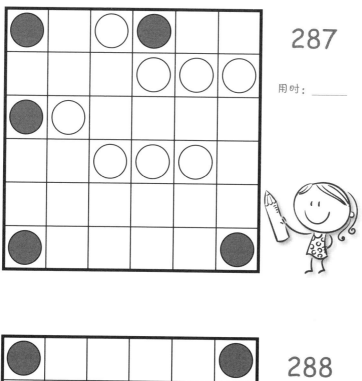

287

用时：＿＿＿＿＿＿

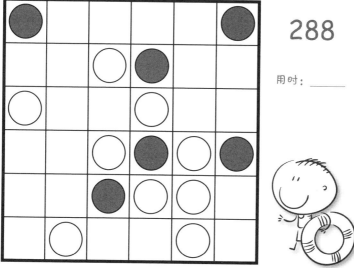

288

用时：＿＿＿＿＿＿

珍珠练习题

289

用时：_____

290

用时：_____

291

用时：_____

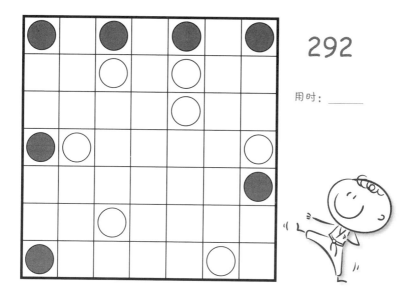

292

用时：_____

293

用时：_____

294

用时：_____

295

296

用时：_____

297

用时：_____

298

用时：_____

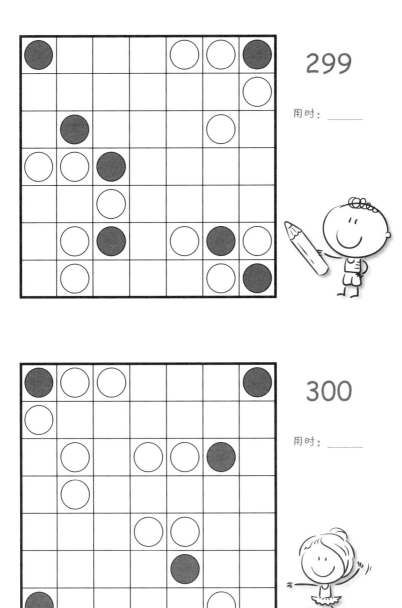

299

用时：_____

300

用时：_____

数方规则、技巧、例题详解

数方是一种画线类谜题，具体规则如下：

❶ 沿题面灰线画线，将题面分割成若干矩形（包括正方形）。

❷ 每个矩形中有一个数字。

❸ 数字表示所在矩形包含的格数。如含有数字 4 的矩形只能是 1 × 4，2 × 2 或 4 × 1。

◀ ◀ ◀ 题 面 ▶ ▶ ▶   ◀ ◀ ◀ 答 案 ▶ ▶ ▶

	6			5		5
		8				
10			12			
		18				

◀◀ 技 巧 ▶▶

❶ 质数与合数：如果是质数，除了 1 和自己之外，没有其他因数，如果想组成矩形，只能是 1×n，呈现出一个长条，如图 1(a) 左上角的数字 3 所示；如果是合数，比如图 1(b) 右下角的数字 6，只能是 1×6，2×3，3×2，6×1 四种组合，结合题面，只能是 3×2。

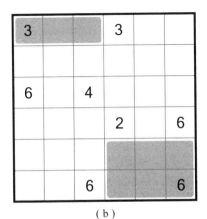

(a)　　　　　　　　　(b)

图 1

❷ 判断数字所在格子可能发展的方向：从角落开始会比较简单，因为角落的格子只有两个方向可以发展，如果其旁边还有其他数字，则基本可以确定该格子的发展方向，如图 2 所示。

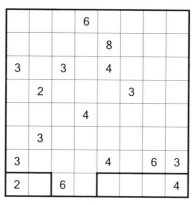

图 2

◀◀◀ **例题详解** ▶▶▶

下面以练习题 301 为例，详细介绍数方的解题过程。

	6			5		5
		8				
	10		12			
		18				

❶ 观察题面，提示数 5 是质数，只能画出 1×5 或 5×1 的长条形矩形，再根据两个提示数 5 的具体位置，可以确定两个提示数 5 的矩形，如图 3 所示。

	6			5		5
		8				
	10		12			
		18				

图 3

225

❷ 观察图 3 所示题面, 提示数 6 是合数, 有 1×6,
6×1, 2×3, 3×2 四种组合, 根据提示数所处位
置, 可知只能是 2×3 的组合; 再看提示数 10, 有
1×10, 10×1, 2×5, 5×2 四种组合, 根据提示
数所处位置, 可知只能是 2×5 的组合, 如图 4 所示。

	6			5		5
		8				
	10		12			
		18				

图 4

❸ 观察图 4 所示题面，提示数 18 有 3×6，6×3 两种组合方式，根据提示数所在位置，可知只能是 6×3 的矩形；现在还剩提示数 8 和 12，可以很容易地看出，提示数 8 应该是 2×4 的矩形，提示数 12 应是 3×4 的矩形，最终得到本题答案如图 5 所示。

	6				5		5
		8					
	10			12			
			18				

图 5

数方练习题

301

用时：_____

	6				5		5
		8					
	10			12			
		18					

302

用时：_____

				3			
3			8				
5					12		6
			24				
					3		

303

用时：_____

					4		5
	16			8			
			12				
		12					
					4		3

304

用时：_____

3	14						
							5
5	5						
		25					
		7					

305

用时：＿＿＿

8							
	12						
					8		4
			15	8			
							4
	5						

306

用时：＿＿＿

				7			
2							
						4	
					25		
6							
							6
	14						

307

用时：_____

					24	
	12					
6						3
	2	15				
	2					

308

用时：_____

			18		6	
4				4		
		12				
					12	
4						
				4		

231

309

用时：_____

			18				
7							
							7
				16			
						8	
8							

310

用时：_____

					5		
		21					
	6						6
10							
						10	
							6

						18	
						35	
	14						
							10
							2
							2

311

用时：_____

						7	
			18				
	25						
					8		
				5			
							18

312

用时：_____

数方练习题

313

用时：_____

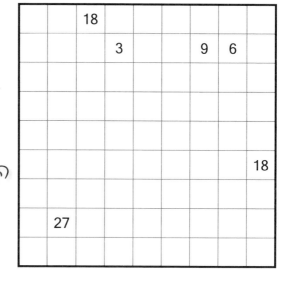

		18						
			3			9	6	
								18
	27							

314

用时：_____

							16	
							14	
		12						
				24				
		3						
		6						
								6

234

315

用时：_____

		6					
3		12			14		
	28						
4							
			14				

316

用时：_____

							3
						12	
		18					
4		20					
				4	8		
		12					

数方练习题

317

用时：_____

						15	
5			10				
			15				
			4		10		
12							
				10			

318

用时：_____

	4					
		8	6			
			6			
10				27		
20						

3					6	
16						
		24				8
	20					
	4					

319

用时：_____

5						
24						
					21	
			7			
		6				
			8			
	10					

320

用时：_____

321

用时：_____

		3					9
		6					
				24			
	10						
					27		
7					10		4

322

用时：_____

						9	
			16				
					25		7
	4						
							8
					12		
	4		15				

323

4		3	6					
	9							
6							27	
		27		18				

用时：_____

324

		6			4		
2	6			6			
					6		
						6	
		12	16				
			20				
	16						

用时：_____

数方练习题

325

用时：_____

15

15

14　　　　　　　　　4

14　　　　3

3

7　　9　　　　4

12

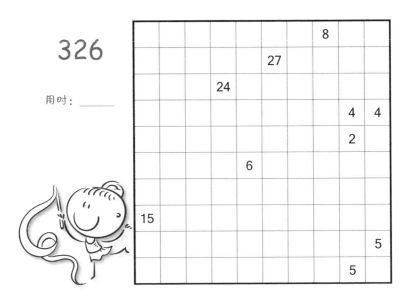

326

用时：_____

8

27

24

4　4

2

6

15

5

5

240

327

用时：＿＿＿＿＿

							24
			4		12		
14		8				6	
					8		
				16			
			8				

328

用时：＿＿＿＿＿

		8					
							8
				24			
4			9				
			27				
			12				8

329

用时：＿＿＿＿

330

用时：＿＿＿＿

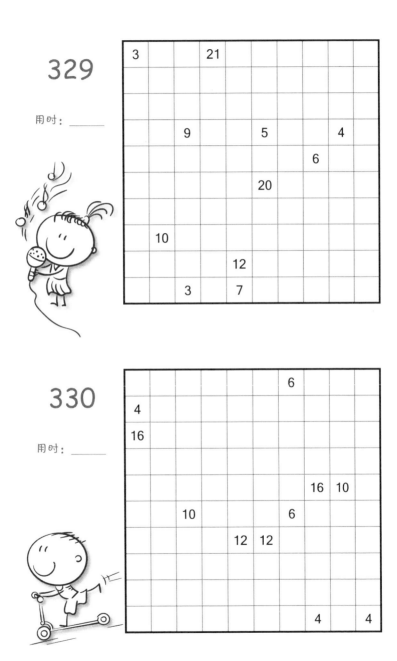

数蛇规则、技巧、例题详解

◄ ◄ ◄ 规 则 ► ► ►

数蛇是一种涂黑类谜题，题面给出两个已涂黑的格子，分别代表蛇头和蛇尾，将题面中某些格涂黑，把蛇头和蛇尾连成一个完整的蛇身。

❶ 非连续的蛇身不能接触。

❷ 题面外提示数表示该行（或列）内蛇身所占的格数。无提示数表示对该行（或列）内蛇身所占格数无限制。

◄ ◄ ◄ 题　面 ► ► ►　　　　◄ ◄ ◄ 答　案 ► ► ►

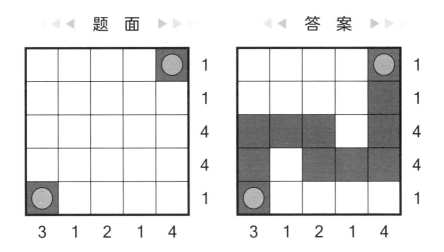

❶ 因为题面外提示数代表该行（或列）蛇身所占的格数，也就是涂黑的格数，因此，数蛇谜题一般从提示数 1 开始解题，确定某行（或列）可以涂黑的格子，或者不能涂黑的格子。

❷ 解题时应特别注意非连续的蛇身不能接触这一规则。

◀◀◀ 例题详解 ▶▶▶

下面以练习题 335 为例，详细介绍数蛇的解题过程。

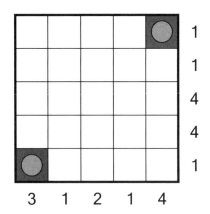

❶ 观察题面，A 行外提示数 1 已被蛇头所占，故不能再
涂黑格子，只能向下延伸，涂黑 B 行最后一个格子；
E 行外提示数 1 已被蛇尾所占，故不能再涂黑格子，
其他格均不可涂黑，画 × 标记，如图 1 所示。

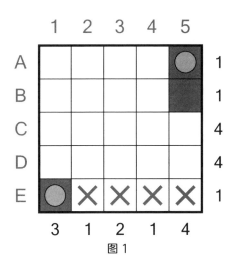

图 1

2 观察图 1 所示题面，第 5 列的外提示数 4，上方已涂黑两格，还有两格空格，因此必须全部涂黑，之后向左延伸一格，涂黑 D4 格，而第 4 列的外提示数为 1，故第 4 列其他格不能涂黑，如图 2 所示。

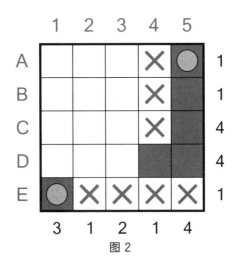

图 2

3 观察图 2 所示题面，蛇身继续向左延伸一格，D3 格涂黑，因第 3 列的外提示数为 2，故还要向上涂黑 1 格，C3 格涂黑，然后继续向左，如图 3 所示。

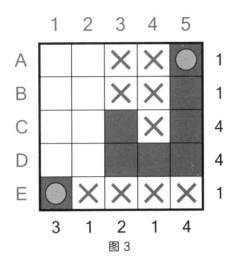

图 3

④ 观察图 3 所示题面，蛇身继续向左延伸一格，C2 格涂黑，第 2 列其余格均不可涂黑，继续向左延伸，涂黑 C1 和 D1 格，即完成本题，答案如图 4 所示。

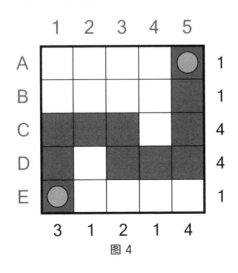

图 4

247

数蛇练习题

331

用时：_____

					2
					4
					1
					2
					1
3	3	1	2	1	

332

用时：_____

					3
					2
					3
					1
					1
2	1	3	1	3	

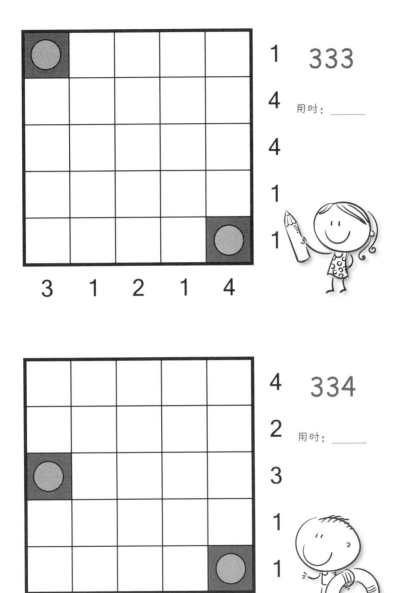

1 **333**

4 用时：_____

4

1

1

3 1 2 1 4

4 **334**

2 用时：_____

3

1

1

3 1 1 3 3

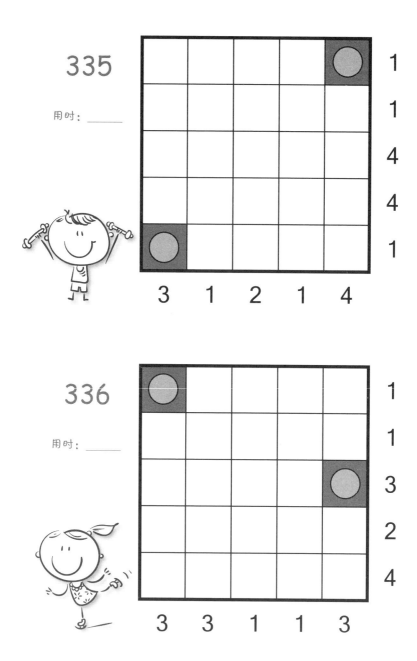

335

用时：_____

336

用时：_____

337

用时：_____

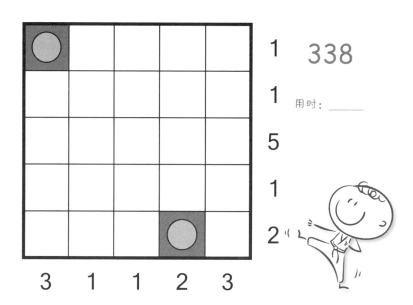

338

用时：_____

数蛇练习题

339

用时：_____

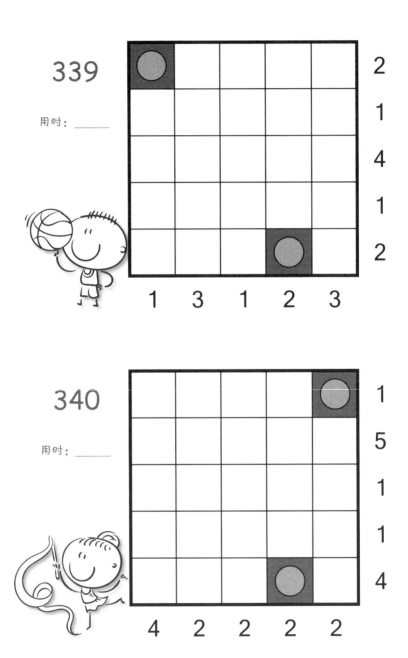

2
1
4
1
2

1 3 1 2 3

340

用时：_____

1
5
1
1
4

4 2 2 2 2

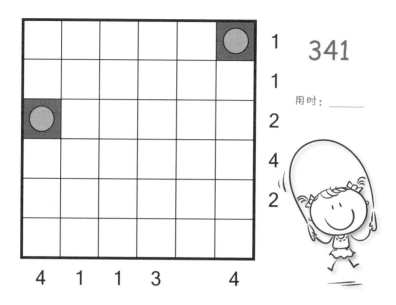

1
1
2
4
2

341

用时：＿＿＿＿＿

4　1　1　3　4

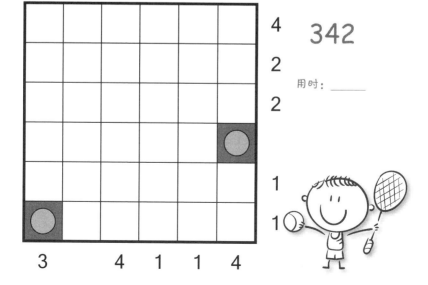

4
2
2

1
1

342

用时：＿＿＿＿＿

3　4　1　1　4

数蛇练习题

343

用时：_____

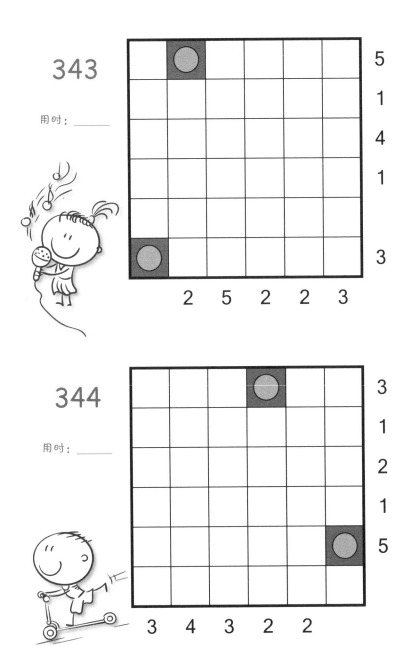

344

用时：_____

254

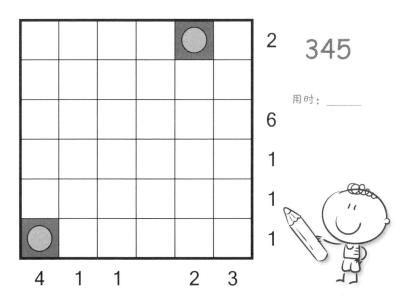

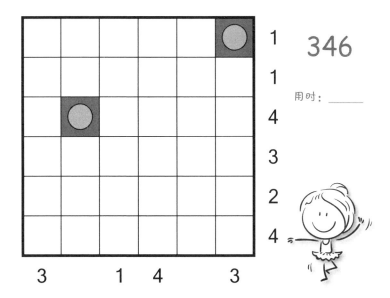

347

用时：_____

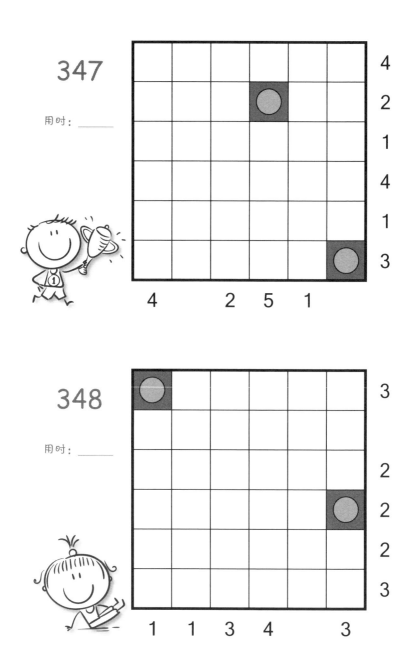

348

用时：_____

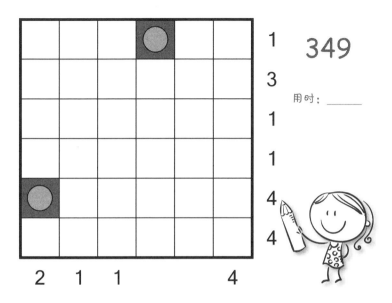

349

用时：_____

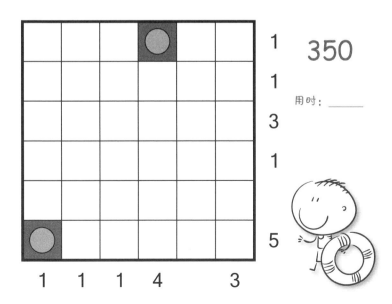

350

用时：_____

数蛇练习题

351

用时：_____

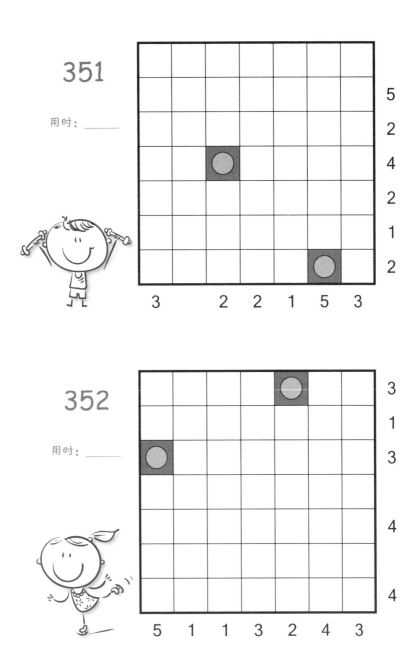

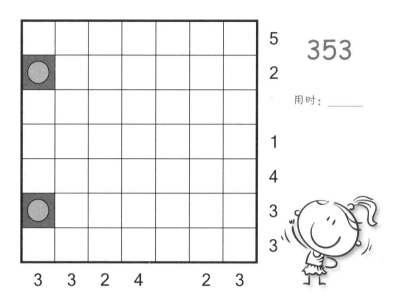

5
2
1
4
3
3

3 3 2 4 2 3

353

用时：_____

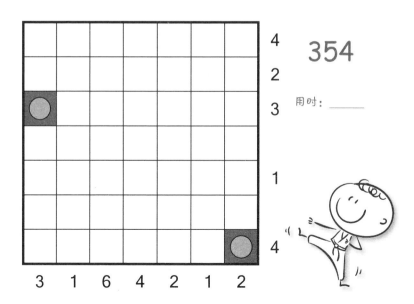

4
2
3
1
4

3 1 6 4 2 1 2

354

用时：_____

数蛇练习题

355

用时：_____

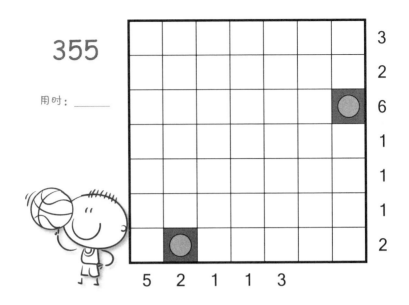

356

用时：_____

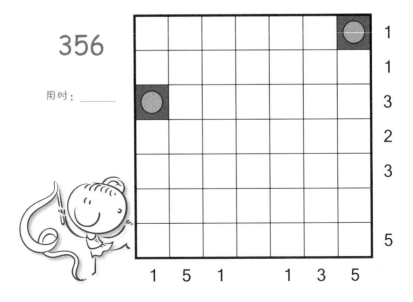

260

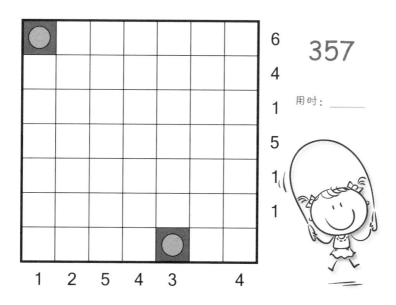

357

用时：_____

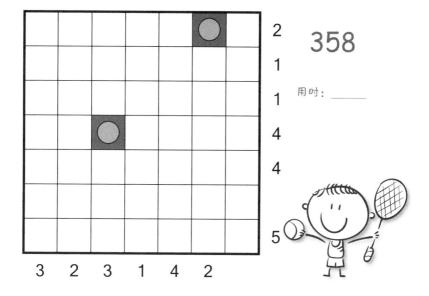

358

用时：_____

数蛇练习题

359

用时：_____

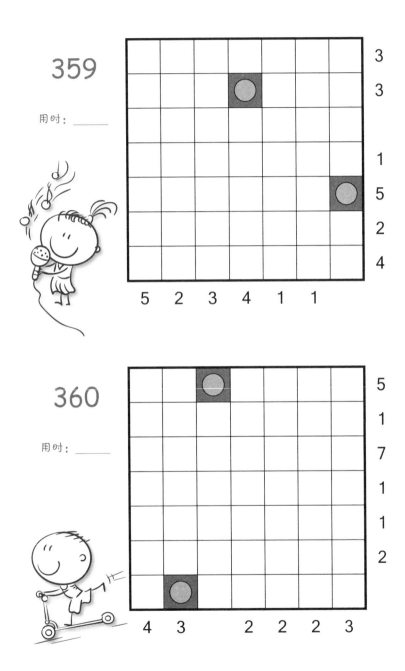

262

名师经验提炼　国手把关

例题详解 + 阶梯训练

带你玩转谜题

中国青少年益智谜题挑战全书

全面提升八大数学能力

配套视频讲解

知识地图清晰准确呈现知识点

日本知名谜题公司 Nikoli

为中国读者量身打造

数回

数壶

数桥

体验原汁原味的谜题

世界谜题联合会推荐普及读物

世界谜题锦标赛指定用书